Regina Swoboda

SUCHE FRAU, BIETE MICH

REGINA SWOBODA

SUCHE FRAU, BIETE MICH

VOM ERSTEN FLIRT BIS ZUR GLÜCKLICHEN BEZIEHUNG

EINE GEBRAUCHSANLEITUNG FÜR MÄNNER

Kösel

Verlagsgruppe Random House FSC® N001967
Das für dieses Buch verwendete FSC®-zertifizierte Papier
Classic 95 liefert Stora Enso, Finnland.

Copyright © 2014 Kösel-Verlag, München,
in der Verlagsgruppe Random House GmbH
Umschlag: Weiss Werkstatt, München
Umschlagmotiv: Shutterstock/Picsfive; Shutterstock/Paul Michael Hughes
Illustrationen: Jürgen Seeberg, Kaufbeuren
Druck und Bindung: GGP Media GmbH, Pößneck
Printed in Germany
ISBN 978-3-466-31021-0

www.koesel.de

Frauen muss man nicht verstehen,
Frauen muss Mann nur lieben!

Regina Swoboda

INHALT

VORWORT

DIE WÜNSCHE DER FRAU

Seit zwölf Jahren trainiere ich Frauen im Seminar »Männerflüsterinnen«, besser mit Männern umzugehen. In diesen Seminaren fragten mich die Frauen oft: »Warum bietest du das nicht auch für Männer an? Es wäre doch toll, wenn auch die Männer von ihrer Seite aus besser auf uns Frauen zugehen könnten.« Viele der »Männerflüsterinnen« haben auch von meinem Buch *Die Raffinesse einer Frau* profitiert. Ich kann die Frauen beruhigen. Denn auch viele Männer fragten mich lange Zeit: »Wann gibt es so ein Seminar für uns Männer – und wann das passende Buch dazu?« Nun, die Seminare gibt es inzwischen schon einige Jahre – jetzt ist auch das Buch da.

Es ist eben einfach schöner, wenn man von beiden Seiten aufeinander zugeht. Wenn Frauen und Männer wissen, wie sie ihrem Gegenüber »die Lichter anmachen«, ihn also zum Strahlen bringen und ein Leuchten in die Augen zaubern, dann wird auch der Erfolg nicht lange auf sich warten lassen. Sicher, einer Frau die Lichter anzumachen, ist ein Stück weit komplizierter als bei einem Mann. Hier haben es die Männer ungleich schwerer. Denn in meinen Seminaren höre ich immer wieder, dass die Frauen eine lange Liste mit Wünschen an ihren Traummann haben. Es ist für Männer nicht immer einfach, diese auf die richtige Weise zu erfüllen. So wollen die meisten Frauen, dass die Männer

Gentlemen sind – zugleich aber auch nicht zu nett. Sie sollen ein bisschen Macho sein, aber auch im Haushalt aktiv mithelfen. Es ist also eine ziemliche Gratwanderung. Ich möchte euch Männern mit diesem Buch helfen, diese Gratwanderung sicher zu meistern.

DIE WÜNSCHE DES MANNES

Bei den Männern ist die Wunschliste nicht so lang. Frage ich heute in meinen Frauenflüsterer-Seminaren die Teilnehmer: »Wie soll die Traumfrau sein?«, so ist die häufigste Antwort kurz und knapp – und sie berührt mich jedes Mal wieder: »Egal! Ich möchte sie nur verwöhnen und glücklich machen.« Das ist wunderbar!

Jetzt geht es nur noch darum, dass Männer und Frauen zusammenfinden. Dass Männer Frauen finden, die ihre Unterstützung gerne annehmen und zu schätzen wissen. Und dass Frauen die Männer finden, die sie auf Händen tragen. Also, ihr edlen Ritter, lernt, wie ihr die Wünsche der Frauen herausfindet, um dann eure Gaben so zu geben, dass Frauen sie gut annehmen können!

DIE ZWEI SEITEN DER MEDAILLE

Jede Sache hat zwei Seiten. Es gehören immer verschiedene Blickwinkel dazu. Ich werde euch Männern die weibliche Sichtweise zur Verfügung stellen – und meine Erfahrung als Trainerin. Schließlich bin ich als Frau selbst »Expertin« und habe eine schier endlose Riege an Ratgeberinnen um mich: Bekannte, Freundinnen und Kundinnen, die mir ihr

Herz ausschütten. Natürlich fließt auch die männliche Sichtweise mit ein – aus gemeinsamen Seminaren mit Männern, zahlreichen Gesprächen mit meinem Freund und Mentor Martin Sage, einem Psychologen und Coach, und selbstverständlich auch aus den Erfahrungen mit meinem Mann.

Als Folge der Emanzipation sind manche Frauen härter und männlicher geworden. Sie haben im Laufe der Zeit ihre weibliche Seite vernachlässigt. Heute machen sich viele Frauen wieder auf den Weg, diese neu zu entdecken. Und es gibt auch immer mehr mutige Männer, die sich gegen die Widrigkeiten der Emanzipation auf den Weg zu mehr Männlichkeit gemacht haben. Fast alle Frauen begrüßen das.

DIE »GEBRAUCHSANWEISUNG«

So habe ich es also niedergeschrieben – meines und Martin Sages »Jägerlatein« in Sachen Frauen. Ich weiß, Männer hätten gerne eine Gebrauchsanweisung, die bei allen Frauen funktioniert, doch die gibt es leider nicht. Aber es gibt Erfolgsgeheimnisse. Wenn Sie auf die Jagd gehen, wählen Sie mit Bedacht den richtigen Köder aus. Wenn Sie einen Kunden akquirieren wollen, werden Sie einige Zeit in die Vorbereitung investieren. Wenn Sie auf der Suche nach einer Frau sind, werden Sie nicht einfach rausgehen und sich überraschen lassen, was passiert. Es ist wie mit allen Themen: Wenn Sie in einer Sache Erfolg haben möchten, müssen Sie sich damit beschäftigen und immer wieder Neues ausprobieren. Es kann sein, dass Sie Ihre Gewohnheiten ein bisschen ändern müssen. Die positiven Ergebnisse, die Sie bei Frauen erzielen, werden Sie jedoch für

Ihre Mühe belohnen. Und dann werden Sie mir voller Freude zustimmen: Frauen kann man nicht verstehen, Frauen kann man einfach nur lieben!

Ich wünsche Ihnen also viel Spaß bei der Lektüre, viel Freude beim Üben und jede Menge Erfolg bei der Umsetzung.

Herzlichst
Regina Swoboda

EINLEITUNG

Eine Frau liebt an einem Mann in erster Linie das gute Gefühl, das er ihr in ihrer Weiblichkeit, im Frau-Sein, verschafft. Dieses Hochgefühl ermöglicht es ihr, den Mann an ihrer Seite anzubeten, zu ihm emporzuschauen und sich von ihm beschützen zu lassen. Das gilt auch für emanzipierte, selbstbewusste Frauen. Tief in ihrem Inneren haben alle Frauen das gleiche Urbedürfnis nach Sicherheit, Schutz und Anerkennung.

Allerdings machen Frauen es Ihnen nicht leicht, ihre Herzen zu erobern – ob bewusst oder unbewusst. Doch wahren Frauenflüsterern können sie nicht widerstehen. Wie nun also ein solcher werden? Nun, den ersten Schritt dazu haben Sie schon getan. Sie halten dieses Buch in Händen. Jetzt gilt: An die Arbeit – und dann rein ins Vergnügen!

WERDEN SIE ZUM EXPERTEN IHRER SELBST

In diesem Buch geht es darum, die Frauen im Herzen zu berühren. Es geht um intensive und emotionale Begegnungen. Durch Ihre Geschichten, durch den Dialog und durch Ihr Verhalten. Ich werde Ihnen zeigen, wie Sie nicht nur den Verstand der Frauen, sondern insbesondere ihr Herz erreichen.

Um eine Frau für sich zu gewinnen, ist es für Sie wichtig, Experte zu werden. Ein Experte Ihrer selbst und in Bezug auf die Naturgesetze, die beim Zusammenspiel von Mann und Frau gelten. Anders ausgedrückt: Sie werden in diesem Buch erfahren, welche Mechanismen beim Zusammentreffen von Mann und Frau am Werk sind und wie Frauen »ticken«. So geht es zuerst darum, das zugrunde liegende und während der Evolution entstandene Funktionsprinzip zu verstehen. Der wesentliche Punkt dabei ist, dass Sie erkennen, was Sie in Ihrem Umgang mit Frauen verbessern können. Erst dann kann sich der Erfolg einstellen. Und wenn ich »Erfolg« sage, meine ich hier nicht einen One-Night-Stand, sondern eine dauerhafte, intensive und harmonische Beziehung.

Dieses Buch zeigt Ihnen anhand zahlreicher Beispiele, was Sie dafür tun können und was Sie besser lassen sollten. Auf Ihrem Weg werden Sie eine ganze Menge Aha-Effekte erleben und die eine oder andere Veränderung in Ihrem Verhalten vornehmen. Der Lohn dafür: leuchtende Frauenaugen, fröhliche und ausgeglichene Frauen, die gern mit Ihnen zusammen sind. Und wenn Sie ein bisschen Glück haben, dann lernen Sie sogar eine ganz bestimmte Frau kennen, die so gerne an Ihrer Seite ist, dass sie mit Ihnen Ihr Leben in jeder Hinsicht bereichert.

YIN UND YANG

陰陽

Das Spiel zwischen Mann und Frau zu verstehen, ist eine echte Herausforderung – und es ist wichtig, das Prinzip dahinter kennenzulernen. Nur dann können Sie es erfolgreich spielen. Sonst wundern Sie sich weiterhin, warum Sie allein oder mit der falschen Frau an Ihrer Seite dastehen. Mit den vielen Fragezeichen in Ihrem Kopf sind Sie in guter Gesellschaft. Schon Einstein verzweifelte daran: »Ich habe versucht, die Frauen zu verstehen. Dann habe ich mich einfacheren Dingen wie der Relativitätstheorie zugewandt.«

Es ist, wie es ist: Männliche Kraft allein bewirkt nichts. Es braucht die weibliche Energie dazu. Und umgekehrt. Es ist wie in einem Stromkreislauf: Damit die Energie fließen kann, sind zwei gegensätzliche Pole notwendig. Einem Mann ohne Frau fehlt die weibliche Kraft, er ist wie ein Jet-Pilot im Nebel ohne Radar. Für die richtige Navigation durchs Leben geht es mit Partnerin einfach besser und es macht auch mehr Spaß. Es ist ein Geben und Nehmen. Gleichklang stellt sich nur dann ein, wenn nicht nur Sie der Frau etwas geben, sondern auch die Frau Ihnen etwas gibt. Dann schwingen Sie in gleichem Takt und in der gleichen Richtung. Und Sie werden Erkenntnisse haben und Dinge von der Frau lernen, die Ihnen sonst verwehrt blieben. Es ist ein Win-win-Spiel, beide sind Sieger und beide ergänzen sich und lernen voneinander.

Wir lernen in der Schule vieles, Tausende Informationen und komplexe Zusammenhänge. Was wir dort leider nicht lernen, ist die Dynamik zwischen Mann und Frau, zwischen männlich und weiblich. Daher ist es auf die Dauer ziemlich frustrierend, sich auf einem Spielfeld zu bewegen, auf dem man die Regeln und die Dynamik des Spiels nicht kennt. Das erleben Männer und auch Frauen immer wieder.

Und so verwundert es nicht, dass sich heute viele starke Frauen über zu schwache Männer beklagen, die das, was sie suchen, in ihnen nicht erwecken. Zudem haben viele

Frauen ihre weiche, emotionale Seite so sehr versteckt, dass die Männerwelt von so viel Emanzipation abgeschreckt wird.

SCHRITTE ZURÜCK NACH VORN

Viele Frauen sind wieder auf dem Weg zu mehr Weiblichkeit. In der Phase der Emanzipation haben sie versucht, die Männer zu kopieren, wenn nicht sogar, sie in ihren Domänen zu übertrumpfen. Aber die Frauen bemerken jetzt, dass dies sie nicht erfüllt und dass sie damit nicht glücklich sind. Denn erfüllend ist für sie die Weiblichkeit. Deshalb haben sich zahlreiche Frauen aufgemacht, ihre weibliche Seite wiederzuentdecken und zu leben. Um allerdings Weiblichkeit wirklich zu fühlen, braucht es die Unterstützung der Männer. Denn nur, wenn die Männer ihren männlichen Part richtig spielen, können die Frauen ihre Weiblichkeit wieder von Neuem leben. Somit ist es wichtig, dass die Männer wissen, was mit Männlichkeit gemeint ist. Erst dann können sie sich trauen, wieder in diese Energie zu gehen. Jeder in seiner ganz eigenen Art und Weise.

Wenn Sie wissen, was Ihre Männlichkeit ist, können Sie Ihre eigene Ausprägung von Männlichkeit leben – und umso besser fühlen sich die Frauen in Ihrer Umgebung. Umgekehrt ist es genauso. Eine Frau, die sich in ihrer weiblichen Rolle nicht wohlfühlt, gibt Ihnen als Mann auch kein gutes Gefühl. Denn dann können Sie nicht unbefangen in Ihre männliche Rolle gehen.

Jörg schreckt innerlich zurück: Er wollte Ines in die Jacke helfen. Sie weist ihn rüde zurück: »Das kann ich doch selbst, so alt bin ich schließlich noch nicht.« Jörg fühlt sich unwohl und kleingemacht.

Georg hingegen strahlt: Er hilft Sabine in ihren Mantel. Sie lächelt ihn an und bedankt sich. Er hat ihr mit dieser kleinen Geste bewiesen, dass er ihr Beschützer ist und sie gerne aufmerksam verwöhnt.

Wie gut wir im äußeren Theater des Lebens die jeweilige Rolle mit Selbstverständnis leben können, hängt von unserer inneren Einstellung, unserem inneren Theater ab. Wir alle spielen dauernd bestimmte Rollen im Leben. An manche Rollen haben wir uns so sehr gewöhnt, dass wir schon denken, wir seien so und nicht anders.

Nehmen wir zum Beispiel ein schüchternes Kind. Es hält sich zurück und bekommt den Stempel »schüchtern«. Die Eltern und Lehrer sagen: Peter ist schüchtern und still. So wächst Peter im Glauben auf, er sei authentisch, wenn er schüchtern ist. Wenn er in die Rolle des selbstbewussten Jungen geht, kommt er sich nicht echt vor. Wenn er allerdings auch in dieser Rolle bestärkt wurde und diese gut spielen kann, als Chef oder Draufgänger, hat er mehr Handlungsfreiheit und mehr Möglichkeiten. Was ist er dann – schüchtern oder draufgängerisch? Ich sage: Er ist beides! Denn beides steckt in uns – auch wenn das eine oder andere mehr zum Vorschein kommt.

Zeigen Sie zur richtigen Zeit Ihre Sanftheit – und im Fall des Falles auch Ihre Entschlossenheit, Kraft und Initiative. Wenn Sie in entscheidenden Momenten die Führung übernehmen, kann sich die Frau entspannen und in ihre Weiblichkeit gehen. Sobald sie ihre eigene maskuline Seite zurücknimmt, ist es an Ihnen, den Kurs anzugeben und ihr damit Sicherheit und Stärke zu signalisieren. Andernfalls fühlt sie sich verloren, fasst kein Vertrauen und bleibt selbst in der männlichen Rolle. Lassen Sie sie also spüren, dass Sie willens und in der Lage sind, die Zügel in die Hand zu nehmen. Und das gilt für alle Bereiche, ob emotional, sexuell, finanziell oder hinsichtlich der Weiterentwicklung

Ihrer eigenen Persönlichkeit. Findet eine Frau diese Aspekte nicht in Ihnen, wird sie ihr Strahlen in gleichem Maße verlieren, wie sie sich gezwungen sieht, ihre eigene maskuline Zielsetzung für sich und gegebenenfalls auch für Sie zu entwickeln und zu stärken.

Svenja und Robert haben ein schönes Haus mit kleinem Garten. Svenja stören einige dicke Äste, die vom Baum des Nachbarn über den Zaun wachsen. Sie bittet Robert, den Nachbarn darauf anzusprechen, dass dieser die Äste absägt. Zu Svenjas Ärger lehnt Robert das mit folgenden Worten ab: »Ach, mach du das mal. Du siehst ihn ja tagsüber eher.« Svenja stört das, sie hat das Gefühl, nun die männliche Rolle übernehmen zu müssen. Ihr Wunsch ist es, dass Robert ihr gemeinsames Refugium nach außen verteidigt.

Manfred will mit Jutta ausgehen. Er holt sie ab und sie sitzen im Auto. »So«, fragt Manfred, »worauf hast du denn heute Lust? Was wollen wir machen?« Zu seiner Überraschung ist Jutta über diese Wahlfreiheit nicht begeistert, sondern ärgert sich, dass Manfred nichts geplant hat. Als sie sich schließlich nach einigem Hin und Her darauf einigen, ins Kino zu gehen, gibt es für den favorisierten Film keine Karten mehr. Jutta hatte erwartet, dass Manfred die Führung übernimmt und konkrete Vorschläge unterbreitet, sodass sie auswählen oder auch Alternativen vorschlagen kann.

DIE RICHTIGE BALANCE

Noch vor einem Jahrhundert hatten nur Männer das Recht auf Bildung. Sie verdienten das Geld und waren die Versorger der Familie. Die Frauen sahen zu ihnen auf. Heute dringen Frauen immer tiefer in die vermeintlichen Domänen der Männer vor. Sie stehen im Business ihren Mann und zeigen vermehrt männliches Rollenverhalten. Manchmal machen sie sogar steilere Karrieren als ihre männlichen Kollegen. Im Gegenzug kümmern sich heutzutage auch Männer vermehrt um Kinder, Erziehung und Haushalt.

Zu Urzeiten hatten Männer die Rolle des Jägers, Versorgers und Beschützers, sie brachten materielle Dinge wie erlegtes Wild, Holz usw. mit nach Hause. Dementgegen war die Frau für das Heim, die Mahlzeiten und die Aufzucht der Kinder zuständig. Sie verwandelte die materiellen Dinge in Energie. Um das tun zu können, war der Schutz durch den Mann unumgänglich. Im Gegenzug konnte er sich im bereiteten Heim Ruhephasen gönnen. Dieser Kreislauf funktionierte zu Urzeiten wunderbar. In den letzten Jahrhunderten hat sich dies nur leicht verändert. Männer kämpften und jagten am Arbeitsplatz, die Frauen bereiteten das kuschelige Zuhause zum Relaxen. Der energetische und auch der sexuelle Austausch funktionierten dabei weiterhin.

Eine echte Herausforderung für Paare entsteht erst in der Neuzeit, und zwar in dem Moment, in dem die Frau die eigene Materie bringt, das eigene Geld. Kritisch wird es, wenn sie komplett die Rolle des Jägers übernimmt. Führt die Frau zudem auch weiterhin den Haushalt, hat der Mann seine ursprüngliche Rolle und Funktion weitgehend verloren. Er ist praktisch nur noch für Sex erforderlich. Das macht Frauen »zickig«, denn der Mann verliert damit seine männliche Energie und rutscht in die weibliche. Hausmänner leben verstärkt in diesem Zwiespalt. Paare mit dieser Rollenverteilung müssen enorm darauf achten, dass beide Partner ihre ursprünglichen Energien in anderen Bereichen weiterhin leben und für den anderen fühlbar darstellen. Sonst leidet die Attraktivität beider Geschlechter zusehends und die Beziehungskrise ist vorprogrammiert.

Denn die Mechanismen der Urzeit greifen weiterhin. Keine Karrierefrau will zurück an den Herd und auch Männer wollen die Entwicklung nicht zurückdrehen. Also muss ein neuer Weg für dauerhaft tragfähige Beziehungen gefunden werden. Beide Partner müssen männliche *und* weibliche Seiten in sich vereinen. Nur wenn er in seiner Zielsetzung, seiner Klarheit und in einigen Bereichen seine Männlichkeit bewahrt und sie weiterhin Raum für ihre Weiblichkeit hat, können beide gemeinsam ihr Rollenverständnis und ihre gegenseitige Anziehungskraft erhalten – zumindest teilweise.

TIPP Wenn die Frau Karriere macht und Sie als Mann den Hausmann mimen, braucht es von beiden Seiten viel Initiativkraft und Einfallsreichtum. Sonst ist die Gefahr groß, dass instinktiv Ihre Attraktivität in ihren Augen dahinschmilzt und Sie sich zurückgesetzt fühlen. Sie sind nicht mehr der urzeitliche Ernährer, denn diese Rolle hat nun sie übernommen. Trotzdem und vor allem deswegen: Halten Sie die Augen offen und nutzen Sie alle sich Ihnen bietenden Gelegenheiten, in Ihre männliche Energie zu gehen und sie ihr zu zeigen und zu geben. Und sorgen Sie auch dafür, dass sie ihre weibliche Seite weiter ausleben kann.

Klara ist erfolgreiche Rechtsanwältin. Sie sieht blendend aus, die Männer drehen sich nach ihr um. Und dennoch ist sie allein. Sie hat Max zu einem Picknick eingeladen. Sie besorgt im Feinkostladen Wein und Leckereien, packt Decke und Korb in ihr Cabrio und holt Max ab. Sie fährt mit ihm zu einem besonderen Platz am See, den sie tags zuvor ausgewählt hat. In Klaras Augen ein perfektes Date. Doch

Max hat nicht angebissen – für seine Energie war kein Platz, er konnte keinen Beitrag leisten. Klara hatte den männlichen Part voll mit übernommen.

Sieglinde verdient das Geld und Stefan ist Hausmann. Er ist mit seiner Leistung im Haushalt ganz zufrieden. Er wäscht, kocht und bügelt. Nur mit dem Putzen hat er es nicht so. Das stört Sieglinde gewaltig. Sie ist sauer und nörgelt entsprechend über Spinnweben und nicht gesaugte Teppiche. Stefan hingegen fühlt sich für seinen Beitrag nicht anerkannt. Die beiden manövrieren sich in die Krise.

RAUM HALTEN – ENTSCHEIDUNGEN TREFFEN UND GRENZEN SETZEN

Heute ist die Qualität der Männer in der Hauptsache nicht mehr darauf ausgerichtet, allein für das Materielle zuständig zu sein. Es ist ihre Aufgabe, der Frau Sicherheit zu geben, ihr den Raum zu halten. Früher gab der Mann sein Leben im Kampf mit anderen Stämmen oder wilden Tieren und beschützte so die Seinen. Heute bedeutet »Raum halten« im wörtlichen und im übertragenen Sinne: Der Mann steckt die Grenzen ab, baut das Haus und zieht die Wände ein. Die Frau ist, um bei dem Beispiel des Hauses zu bleiben, für die Innendekoration, für das Ausfüllen des Raumes zuständig. Raum halten bedeutet auch, ihr die Voraussetzungen zu schaffen, dass sie erfolgreich im Business sein und trotzdem weiterhin in die weibliche Energie gehen kann. Es bedeutet weiter, dass er sich schützend vor sie stellt, wenn sie verbal angegriffen wird. Oder dass er im Restaurant die Initiative ergreift, wenn ihr schlechtes Essen serviert wird. Das heißt, der Mann steckt den Rahmen, gibt die Sicherheit in Form von männlicher Präsenz und setzt Grenzen, wo es notwendig ist, um Halt zu geben. Das Relikt aus der Urzeit, die männliche Versorger- und Beschützerrolle, lässt sich damit, trotz aller Veränderungen, in den Alltag integrieren.

TIPP Es ist unerlässlich, dass beim ersten Date der Mann bezahlt. Dies dient als Symbol für die männliche Energie. Damit sind die Rollen in ihrer ursprünglichen Verteilung festgelegt. Und das tut beiden, Mann und Frau, in ihrem Selbstwert und ihrer gegenseitigen Wertschätzung gut. Dabei kommt es nicht darauf an, ihr ein Fünf-Gänge-Menü zu spendieren, auch ein Kaffee ist völlig in Ordnung – es geht nur um die Geste.

Spürt eine Frau die Grenzen nicht, innerhalb derer sie agieren kann, fühlt sie sich unsicher und haltlos. Wie ein Kind, das keine klare Struktur hat, werden Frauen dann zickig und verlieren den Respekt. Das wiederum verunsichert die Männer, die daraufhin noch weniger Stellung beziehen. Sie wundern sich dann, dass die Frau hysterisch und unfair wird und sie drangsaliert. Die Frau will die innere Kraft des Mannes spüren. Es geht um die innere Autorität, die signalisiert: »Mit mir kannst du Spaß haben, aber hier sind die Grenzen!«

Walter sieht gut aus und ist erfolgreich. Er lädt Klara in ein Restaurant ein. Dort bemüht er sich sehr, es Klara recht zu machen. »Hast du es bequem? Ist das in Ordnung für dich? Ist dir das nicht zu kalt? Willst du lieber an einem anderen Tisch sitzen?« Je mehr er fragt, anstatt selbst zu entscheiden, umso unwohler und unsicherer fühlt sich Klara. Es entsteht ein Hin und Her aus »Ach, eigentlich schon – nein, lieber doch nicht«. Es besteht die Gefahr, dass Klara beginnt, Walter auf der Nase herumzutanzen und unbewusst ihre Launen auszuleben. Er bezieht immer noch keine eigene Stellung. Schließlich hat sie tatsächlich keine Lust mehr – weder auf das Date noch auf ihn.

Susi liebt es, die Möbel umzustellen. Heinz fällt jedes Mal die Aufgabe zu, die Schränke und großen Regale abzubauen und an neuer Stelle wieder aufzubauen. Er macht es, auch wenn er von ihren Ideen oft nicht begeistert ist. Zu seinem Erstaunen erntet er bei Susi für seine Mithilfe keine große Anerkennung. Sie spürt seine Ablehnung und wartet insgeheim darauf, dass er ihr eine Grenze setzt.

Sandra ist leidenschaftliche Sammlerin von Teddybären. In ihrer ganzen Wohnung sind die Plüschtierchen präsent. Gut ein Dutzend davon sitzen auf ihrem Bett. Wenn Erik bei Sandra übernachtet, schafft er sich mühsam Platz dazwischen. Sandra findet das niedlich – aber das macht ihn für sie nicht sexy.

Melanie geht gerne shoppen. Sie liebt es, schöne Dinge zu kaufen. Klaus erfreut sich auch daran. Aber er setzt auch Grenzen, wenn sie zu viel Geld ausgibt. »Liebling, jetzt machst du mal Pause. Es reicht jetzt.« Melanie findet das absolut okay, ihr gefällt diese männliche Klarheit.

Der Mann hält den Raum, indem er Sicherheit und Schutz gibt. Er ist wach und präsent, auch wenn er relaxed ist, und vermittelt ihr ein gutes Gefühl. Seine männliche Energie gibt der Frau Sicherheit. Mit nichts kann ein Mann eine Frau mehr berühren. Die Frau kann dann völlig geschützt in ihre weibliche Energie gehen.

Mariannes Tochter war stinkwütend auf die Mutter. Sie hatte ihr das abendliche Ausgehen untersagt. Ihre Wut ließ Meike an Mariannes Computer aus. Hier waren Mariannes komplette Arbeitsdaten gespeichert. In ihrer Wut löschte die Tochter den kompletten Datenbestand. Marianne wurde hysterisch, sie schrie, tobte und weinte bitterlich.

Da erkannte Meike das Ausmaß ihres Rachefeldzuges und fing ebenfalls hysterisch an zu heulen. Das hatte sie nicht anrichten wollen. Marianne funkte per Telefon ein SOS an Herbert. Als er das Desaster mitbekam, schritt er sofort ein: »Ruhig. Tut erst mal gar nichts. Ich bin in fünf Minuten da.« Zu Hause erwarteten ihn zwei wild durcheinanderkreischende Frauen. Er ging souverän dazwischen: »Setzt euch hin und seid still. Ich schaue mir das jetzt in Ruhe an.« In diesem Moment bewunderte Marianne ihren Mann. Er gab klare Anweisungen und duldete keine Widerrede. Marianne war beeindruckt. Hier war ein Mann, der Ruhe ausstrahlte, klare Grenzen setzte und den Rahmen wiederherstellte. Sie fühlte sich sicher – und erregt.

In einem meiner Flirtseminare bildeten die Frauen einen engen Kreis. Nach und nach stellten sich die Männer im Kreis außen herum. Als die Männer den Kreis schlossen und einfach nur dastanden, fingen die Frauen nach einer Weile an zu weinen. Das Gefühl des Schutzes und der Sicherheit durch den Energiekreis der Männer hatte sie überwältigt. Es waren keine Tränen der Traurigkeit, sondern des Loslassens. Die Männer hatten die Tränen nicht durch irgendein Tun hervorgerufen, sondern einfach nur durch ihr Da-Sein, ihre Präsenz und ihre männliche Energie.

Der gute alte Knigge wusste noch um diese Form der Kraft. Das beginnt schon damit, dass der Mann auf der Straßenseite geht, um die Frau vor dem Autoverkehr zu schützen. Wenn er das Restaurant zuerst betritt, um sich zu überzeugen, dass es drinnen sicher für sie ist. Wenn er bemerkt, dass ihr Weinglas leer ist oder wenn sie friert. Zum »Raumhalten« ist also weniger Aktion, sondern vielmehr Aufmerksamkeit vonnöten. Wenn die Frau traurig ist, geht es in erster Linie nicht darum, sie zu trösten, sondern darum, wahrzunehmen und präsent zu sein. Es geht nicht um das Tun, sondern um das Da-Sein. Darum, geschützte Atmosphäre durch eigene Wachsamkeit und Handlungsbereitschaft zu schaffen.

Katrin und Johannes gehen in der Stadt spazieren. Von Weitem braust ein Auto mit überhöhter Geschwindigkeit heran. Sofort zieht Johannes Katrin kraftvoll von der Straße zur Seite weg. Katrin fühlt sich geborgen – auf ihren Beschützer ist Verlass.

Susanne und Erich hatten sich gerade kennengelernt. Susanne war in ihrem Job unglücklich, denn sie hatte eine fürchterlich launische Chefin. So musste sich Erich bei jedem Date erst mal den neuesten Frust von Susanne anhören. Irgendwann gab er ihr den Tipp: »Finde dich entweder mit dieser Frau und ihren Launen ab oder suche dir eine andere Stelle!« Er hatte es gut gemeint. Doch Susanne war alles andere als glücklich mit seiner Rede. Sie hatte keinen Ratschlag gewollt, sie wollte lediglich einen Zuhörer. Sie wollte sich einfach nur mitteilen und verstanden fühlen.

TIPP Mein Mann löst das mittlerweile so, dass er mich, wenn ich von meinem Frust erzähle, fragt: »Willst du einfach nur jammern und dass ich zuhöre, oder willst du eine Lösung, einen Rat?« Ich finde das wunderbar. Im Zweifelsfall reicht es also, die Frau sprechen zu lassen und ihr den Raum zu halten.

MÄNNLICHE UND WEIBLICHE ENERGIE

Jeder Mensch vereint männliche und weibliche Seiten in sich. Aber dennoch: Sexuelle Anziehungskraft basiert auf der Polarität der Geschlechter, die einen Bogen zwischen dem männlichen und dem weiblichen Pol spannt. Alle natürlichen Kräfte wie auch der Strom aus der Steckdose oder der Autobatterie strömen zwischen zwei Polen. Auf diese Weise erzeugen der maskuline und der feminine Pol den Strom der sexuellen Gefühle und Empfindungen. Wenn jedoch Männer zu weiblich oder Frauen zu männlich agieren, fehlen die Anziehung und der Magnetismus aufs andere Geschlecht. Statt prickelnder Attraktivität und Anziehung entsteht eher eine Freundschaft. Achten Sie also darauf, besonders auch in Augenblicken sexueller Nähe, den maskulinen Pol zu spielen und die Unterschiede zu beleben.

TIPP Wenn Sie mit einer Frau zusammen sein wollen und sie begehren, können Sie sich viel Leid ersparen, indem Sie vorab prüfen, ob sie Sie auch will. Nur eine Frau, welche die Beziehung und Nähe ebenso sucht wie Sie, wird Sie nicht femininer wahrnehmen als sich selbst und keine weibliche Bedürftigkeit in Ihnen sehen. Wählen Sie also eine Frau, die Sie will, dann können Sie Ihrem Wunsch nach Intimität freien Lauf lassen, ohne in ihr den männlichen Ruf nach Freiheit und Raum zu wecken.

Wie gesagt: In einer Beziehung braucht es männliche wie weibliche Energie. Es braucht beides, und das in einem ausgewogenen Verhältnis. Im Kleinen wie im Großen, im

Mann wie in der Frau. Das bestimmt die gegenseitige Attraktivität. Um sexuelle Nähe entstehen zu lassen, ist es notwendig, dass Sie maskuliner sind als Ihre Partnerin und sie femininer als Sie. Ansonsten wird keine sexuelle Nähe entstehen. Geben Sie sich also männlich, um außer Liebe auch Begehren in ihr zu wecken und in der Beziehung zu erhalten. Um sexuelle Anziehungskraft zu kreieren, ist es unabdingbar, dass Sie in Momenten der Leidenschaft den maskulinen Pol voll ausspielen und die Frau sich ihrerseits in die feminine Rolle fallen lassen kann. Das geht nur, wenn sie Sie generell als Mann in Ihrer männlichen Energie wahrnimmt. Wenn Sie also selbstbewusst agieren und auch im sexuellen Bereich weder Diener, Anwalt noch Therapeut sein wollen, wird sie Sie gleichermaßen gut behandeln und Sie können ihr sowohl Freund als auch Liebhaber auf höchster Stufe sein. Je männlicher Sie sich geben, umso weiblicher wird sich die Frau an Ihrer Seite fühlen und sein. Ein zu weiblich wirkender Mann geht einher mit einer dominanten Frau. Instinktiv finden sich dann die ausgleichenden Pole. Wenn er allerdings weich agiert, dann muss sie den kraftvollen, maskulinen Teil übernehmen. Wohingegen ein entschlossenes Auftreten des Mannes der Frau die Sicherheit gibt, selbst mehr in ihre weibliche Seite gehen zu können.

Der Beziehungsberater David Deida bringt den dahinterliegenden Mechanismus auf den Punkt: »Ein von Natur aus sehr maskuliner Mann wird sich von einer sehr femininen Frau angezogen fühlen, die seine Energie ergänzt. Je neutraler und ausgeglichener er selbst ist, desto ausgeglichener sollte auch seine Partnerin sein. Die Energie eines Mannes, der vom Wesen her eher feminin ist, wird durch die klare Entschlossenheit und Zielgerichtetheit einer maskulinen Frau ergänzt.« Gleichheit erzeugt Freundschaft – Polarität hingegen Leidenschaft und Anziehungskraft.

Achten Sie also als Mann darauf, dass die männliche Seite in Ihnen überwiegt. Andernfalls werden Sie sich nur in den Armen von Frauen wiederfinden, die ihrerseits das Zepter führen wollen und den weiblichen Part von Ihnen noch nicht einmal richtig wertschätzen. Sicher, Nachgiebigkeit und Besonnenheit sind gute Eigenschaften. Und irgendwann ist es an der Zeit, in die Konfrontation zu gehen. Gelegentlich steht einem Mann auch weibliche Sanftmut und Verspieltheit gut. Ebenso wie auch die Frau mal die Führungsrolle übernehmen kann und Kapitän spielen darf – an die jeweilige Situation angepasst! Anziehend ist hier also nicht die permanent zur Schau getragene weibliche Seite des Mannes, sondern das Wissen der Frau: »Er kann auch spielerisch und sanft sein, wenn es passt.« Genauso verhält es sich mit der männlichen Seite. Lassen Sie also nicht andauernd den Macho raushängen, aber lassen Sie die Frau spüren: »Ich passe auf dich auf, und wenn es darauf ankommt, beschütze ich dich und kämpfe.«

Hannah traf sich mit Moritz auf einer Rockparty. Sie amüsierten sich prächtig und hatten viel Spaß miteinander. Gegen 2.00 Uhr wurde Hannah müde und verabschiedete sich. Moritz drückte sie innig und wünschte ihr eine gute Nacht. Dann ging Hannah allein an Betrunkenen vorbei durch die Dunkelheit zu ihrem Auto. Sie war wütend. Sie hatte erwartet, dass Moritz ihr Schutz geben und sie zu ihrem Auto begleiten würde.

Anders lief es bei Andrea. Sie fuhr mit der U-Bahn zum Treffen mit Uwe ins Kino. Als der Film aus war, gingen sie noch zusammen auf einen Drink. Schließlich bestand Uwe darauf, Andrea nach Hause zu fahren. Er blieb mit dem Auto so lange vor ihrer Haustür stehen, bis sie sicher darin verschwunden war. Diese Geste beeindruckte und rührte Andrea gleichermaßen.

Wenn eine Frau Sie um etwas bittet, dann beziehen Sie Stellung: Sagen Sie ihr, ob Sie es erfüllen oder warum nicht. Und sagen Sie ihr auch, bis wann. Ansonsten wird die Frau nervös. Im schlechtesten Fall erledigt sie die Sache schließlich selbst und ist sauer. Sie wird Sie verachten. Wenn Sie aber auch Unangenehmes zügig angehen und Entscheidungen treffen, erzeugen Sie Attraktivität und ernten Respekt.

Bernhard und Anna schmieden Urlaubspläne. Der Termin steht, das Hotel haben beide auch schon ausgesucht. Bernhard will gleich am nächsten Tag buchen. Als Anna eine Woche später fragt: »Und, hat es geklappt mit dem Hotel?«, erntet sie nur: »Ups, dazu bin ich noch gar nicht gekommen, mach ich morgen!« Doch auch einige Tage später ist Bernhard noch immer nicht zur Tat geschritten. Anna wird sauer und nimmt sich selbst der Sache an.

Das Auto von Birte soll am Montagnachmittag verkauft werden. Vorher muss es unbedingt in die Waschstraße und innen gesäubert werden. Patrick wollte das am Wochenende erledigen. Doch am Montagmorgen steht das Auto immer noch dreckig in der Garage. Birte tobt – und fährt schließlich kurz vor knapp selbst zur Waschstraße. Die eigentlich für den Vormittag geplanten Aufgaben bleiben dadurch liegen.

FEUER UND WASSER

Die männliche Energie ist die Kraft, die Aggression, das Feuer. Sie ist die Bewegung nach vorne. Das weibliche Gegenstück dazu ist das Weiche, das Sanftmütige, das Wasser. Wenn beide Energien zusammentreffen, entsteht Dampf, mit dem die Turbine der Beziehung angetrieben wird. Ist das Feuer aber zu stark, verdampft das Wasser komplett. Zu viel Wasser hingegen löscht das Feuer aus. Nur im richtigen Verhältnis zueinander steht dauerhaft gemeinsame Energie zur Verfügung. Zeigen Sie also Ihre Männlichkeit im Alltag und setzen Sie Grenzen. Es geht nicht um den permanenten Beweis, vielmehr um »Wenn ich will, dann kann ich«.

Simon hat einen gut bezahlten Job und einen Chef, der ihn permanent unter Druck setzt und ständig kritisiert. Simon setzt nichts dagegen, sondern beklagt sich zu Hause bei Klara immer wieder darüber. Je öfter Simon davon erzählt, desto weniger Respekt hat Klara vor ihm. Er verliert in ihren Augen immer mehr an Attraktivität und Männlichkeit. Sexuell läuft immer weniger zwischen den beiden.

Es ist eine positive Eigenschaft von Männern, dass sie den Frauen gerne eine Freude machen und es lieben, wenn sie sich wohlfühlen. Genau aus dieser Eigenschaft heraus versuchen manche Männer, es den Frauen recht zu machen. Sie wundern sich dann, warum die Frau dieses Verhalten nicht positiv honoriert, sondern genervt ist.

TIPP Statt zu fragen: »Wohin möchtest du denn heute essen gehen?«, schlagen Sie lieber konkret vor: »Ich zeige dir heute meinen Lieblings-Italiener.« Sie geben die Richtung vor und bleiben dadurch in der männlichen Energie. Wenn sie heute kein italienisches Essen mag, wird sie Ihnen das schon sagen!

Wenn Sie ihr beständig die Führung überlassen, wird sie vielleicht sagen: »Es war nett.« Verlieben wird sie sich jedoch nicht. In dem Moment, in dem Sie sich fragen: »Wie möchte sie es gerne?«, oder Sie darauf warten, dass sie Ihnen sagt, was sie möchte, vergeben Sie eine Chance. Galoppieren Sie lieber vor – wenn es zu viel war, können Sie immer noch wieder einen Schritt zurückgehen. Die Frau will Ihre Dynamik und Aktivität spüren. Sie will spüren, dass Sie die Zügel in der Hand haben, mutig sind und ihr Sicherheit geben. Ihre Ansage muss nicht laut sein, sie kann in Ihrer Ausstrahlung liegen. Aber sie muss kommen! Wenn Sie Ihrer eigenen Entscheidung nicht trauen, schwächt dies das Vertrauen der Frau in Sie. Nur wenn die Frau sich von Ihnen beschützt fühlt, kann sie in die weibliche Energie, in das Spielerische gehen.

Simone, Annas älteste Tochter, wurde von einem Auto angefahren und landete auf der Motorhaube. Sie rief zu Hause an und ihre Mutter kam zur Unfallstelle. Noch auf der Fahrt dorthin informierte Anna ihren Mann Armin: »Simone ist angefahren worden, ich hole sie ab. Es scheint ihr nichts Schlimmes passiert zu sein.« »Okay«, meinte Armin, »Gott sei Dank. Du, ich treffe mich jetzt mit meinen Kumpels. Wir gehen in die Sauna.« Anna bestand darauf, Simone zur Kontrolle ins Krankenhaus zu bringen, da sie über Kopfschmerzen klagte. Anna war total aufgeregt. Die Ärzte in der Klinik veranlassten sofort eine Röntgenaufnahme, zahlreiche Untersuchungen und bestanden darauf, Simone zur Beobachtung über Nacht dazubehalten. Anna war mit den Nerven am Ende und versuchte vergeblich, Armin zu erreichen. Er ging nicht ans Telefon. Schließlich schickten die Ärzte Anna nach Hause. Es war spät und die Untersuchungen würden noch einige Zeit dauern. Zu Hause fand Anna keine Ruhe. Als Armin dann nach Hause kam, ging sie voll auf ihn los: »Wieso hast du dein Handy nicht

an? Ich wollte dich erreichen, ich hätte dich gebraucht!«
»Moment mal«, erboste sich Armin, »wieso greifst du mich
an? Du hast gesagt, es sei nichts passiert. Ich war in der
Sauna, da kann ich das Handy ja wohl nicht anlassen!« Auf
der Ebene der Logik hatte Armin völlig recht. Doch Anna
fehlte in diesen für sie bedrohlichen Momenten die Sicherheit. Armin hätte einfach nur da sein müssen. Er war es
nicht und schon wurde Anna zur Furie.

Einer meiner Kunden von der Sorte »Netter Freund und
nicht mehr« schrieb mir nach einem Seminar eine SMS:

»Liebe Regina, zurzeit mache ich viel von dem, was du immer sagst:
1. Ich bin mir endlich bewusst, was ich will, und akzep-
   tiere das auch.
2. Ich äußere, das, was ich will, klar und deutlich.
3. Ich bin auf ein ›Nein‹ ebenso vorbereitet wie auf ein ›Ja‹
   und bin auf das ›Ja‹ gar nicht mehr so erpicht, denn ich
   genieße es, dass ich mich das Fragen überhaupt getraut
   habe – auch und gerade weil es mich sehr verletzlich
   macht.
Der Erfolg, den ich inzwischen habe, übersteigt alles,
was ich erwartet habe. Meine Worte kannst du gerne den
Männern bei dir so weitergeben.«

MÄNNLICHE STÄRKE

In Urzeiten war Aggression unabdingbare Eigenschaft für
die erfolgreiche Jagd und das Überleben im Kampf. Das
heutige Umfeld ist da gnädiger und weniger gefährlich.
Daher braucht der Mann heute, um männlich zu wirken,
nicht unbedingt in Aktion zu treten. Es genügt, wenn er

die Qualitäten der Urzeit mit ins Jetzt übernimmt. Wenn er da ist, wach und als Hüter der Situation. Der Fels in der Brandung, der jederzeit bereit ist einzugreifen, wenn es erforderlich ist. Es geht also nicht um physische Stärke, sondern um die innere Haltung: Bin ich Kapitän und steuere das Schiff, oder fahre ich nur mit, lehne mich zurück und lasse machen? Die Frau spürt diese Einstellung. Sie sieht sie an Ihrer straffen Körperhaltung, Ihren kraftvollen, aber entspannten Bewegungen. Sie orientiert sich an Ihrer festen Stimme, an der Art, wie Sie einen Raum betreten und adäquaten Platz für sich beanspruchen. Genau wie bei einem Löwen, der in der Sonne liegt und vermeintlich schläft. Jeder weiß, dass er von einer Sekunde auf die andere aufspringen und kämpfen kann – wenn es die Situation erfordert. Der Löwe ist immer aufmerksam und wachsam. Selbst während seiner Siesta fungieren seine Ohren als Radar und er nimmt alles in seiner Umgebung wahr, um sofort zu reagieren und die Seinen zu verteidigen und zu schützen. Genau das will die Frau auch. Sie will Sicherheit und Verlässlichkeit spüren – und auch die Aufmerksamkeit des Mannes.

Richten Sie also Ihre Aufmerksamkeit auf die Frau. Ihre Aufmerksamkeit ist wie eine Lampe in der Dunkelheit, sie bringt die Frau zum Strahlen. Damit halten Sie ihr den Raum und sie kann ihre eigene männliche Seite dimmen, da Sie ihr Schutz geben. Somit kann sie sich weiblicher geben und entspannen. Sie müssen dabei nicht ständig tough sein. Seien Sie einfach präsent und wach. Es ist auch durchaus attraktiv, wenn Sie kommunikativ, humorvoll und sanft auftreten. Das ist das Gebot der Gegenwart. Und die Frau will auch spüren: Wenn es notwendig ist, geht er zu 100 Prozent in seine Männlichkeit und wird mich gegen den Säbelzahntiger verteidigen. Er hat genug Adrenalin und Testosteron im Körper, um das zu können. Das ist das Relikt der Urzeit.

STERNE UND PLANETEN

Der Unterschied zwischen Sternen und Planeten ist: Der Planet absorbiert Licht, der Stern leuchtet selbst und sendet Licht aus. Ähnlich ist das auch bei Menschen: Manche kommen in einen Raum und verbrauchen die Energie der anderen. Andere kommen in einen Raum und strahlen Energie aus. Was meinen Sie, welcher Mensch attraktiver ist?

Frauen lieben Männer, die Sterne sind. Wenn Sie versuchen, es ihr recht zu machen und nett zu sein, verharren Sie in der Rolle des Planeten, der anderen die selbst benötigte Energie absaugt und diese absorbiert, um selbst zu leuchten. Auf einer Party ist nicht der Meckerer der Magnet. Vielmehr scharen sich alle um denjenigen, der gute Stimmung verbreitet, eine tolle Ausstrahlung hat und in dessen Gegenwart sich die anderen wohlfühlen.

Jörg und Dennis sind beide auf einer großen Party. Jörg beschwert sich lautstark über die schlecht erreichbaren Parkplätze, das teure Bier und über den DJ. Nach und nach kehren ihm die anderen Gäste den Rücken zu. Dennis hingegen lässt sich den Abend nicht verderben. Er fordert die Frauen zum Tanz auf und hat jede Menge Spaß. Nach einer Weile ist er umringt von Leuten.

TIPP Wenn Sie Lob und Anerkennung schenken, werden Sie die positive Aufmerksamkeit der Frauen erhalten. Seien Sie ein Stern, dessen Licht andere strahlen lässt. Seien Sie anderen gegenüber freundlich, aufmerksam und respektvoll, bleiben Sie authentisch. Richten Sie den Fokus nicht auf sich und Ihren Nutzen, sondern auf Ihr Gegenüber. Was können Sie beitragen und geben, damit alle mehr Freude und Spaß haben?

Johannes war ein sehr zurückhaltender Typ. Er war mit anderen Singles im Skiurlaub und wurde von den Frauen der Gruppe gar nicht wirklich wahrgenommen. Durch einen Fehler der Reiseleitung kam an einem Nachmittag kein Bus für den Transfer von der Talstation ins Hotel. Alle, auch die anderen Männer, standen herum und ließen ihrem Ärger freien Lauf. Johannes schloss sich den Nörglern nicht an, sondern ging einfach los und nahm die Sache in die Hand. Als er wiederkam, verkündete er: »Es kommen gleich vier Taxis, die bringen uns ins Hotel.« Er hatte die volle Aufmerksamkeit – und das Interesse der Frauen! Er war zum Stern geworden.

MUT UND INITIATIVE WERDEN BELOHNT

Männlichkeit bedeutet, die Initiative zu ergreifen. Im Großen wie im Kleinen. Es kommt dabei nicht darauf an, perfekt zu sein. Wenn Sie sich trauen, eine Frau anzusprechen, und es kommen etwas holprige Worte aus Ihrem Mund, wird sie es dennoch honorieren. Mut ist, wenn Sie Angst haben und es trotzdem tun, obwohl Sie Herzklopfen haben. Dieses Selbstvertrauen spürt die Frau, sie merkt, dass Sie nicht vom Verlauf der Situation oder von anderen abhängig sind. Nehmen Sie also die Zügel in die Hand, auch wenn Sie sie manchmal lieber locker lassen.

TIPP Wenn Sie mit einer Frau telefonieren, haben Sie vielleicht das Gefühl, Sie könnten stundenlang weiterreden, weil Sie zahlreiche Gemeinsamkeiten entdecken. Trotzdem beenden Sie das Gespräch nach einer gewissen Zeit. Auch damit halten Sie die Zügel in der Hand – und machen weit mehr Eindruck auf sie. Sie wecken damit die Lust auf mehr, anstatt ihr das Gefühl zu geben, dass Sie solange wie möglich an ihr kleben. Damit ist sie nicht ganz satt, sondern hungrig auf ein nächstes Mal. Wenn Sie jedoch darauf warten, bis sie auflegen will, bekommt sie ein Gefühl der Überlegenheit.

Frauen, die selbst zu sehr in der männlichen Energie sind, verwehren den Männern oft unbewusst die Chance, ihr Ritter zu sein – und berauben sich damit selbst. Wie wäre es, wenn Sie sie das nächste Mal charmant darauf aufmerksam machen? Das hilft ihr und Sie beziehen eine klare Position.

Es gibt immer wieder Frauen, die nicht daran gewöhnt sind, dass Männer galant und hilfsbereit sind. Sie sind über die Jahre schon so frustriert, dass sie zurückschießen. Doch auch ein »Lass mal, das kann ich schon selber« sagt nichts darüber aus, dass sich die Frau nicht doch über Ihre Hilfe freut. Lassen Sie sich davon nicht abhalten oder entmutigen.

Im Seminar kam eine Frau zu spät. Sie kam in den Raum, entschuldigte sich ausführlich und schleppte einen schweren Stuhl vom Nebenraum herein. Der Seminarleiter wollte genau diesen gerade für sie holen und meinte: »Stopp, dass ich den Stuhl für dich da hinstelle, lasse ich mir nicht nehmen.«

Tobias und Julia gehen abends spazieren. Langsam wird es kalt und Julia beginnt zu frösteln. Spontan zieht Tobias seine Jacke aus und hängt sie Julia um die Schultern. »Ah, das ist lieb, aber dann frierst ja du. Nimm du sie wieder«, meint Julia liebevoll und gibt ihm die Jacke zurück. Tobias aber besteht darauf: »Nein. Du frierst, also nimm du sie lieber.« Julia hängt sich die Jacke um und kuschelt sich eng an ihn.

FRAUEN VERSTEHEN

ODER:
DIE WEIBLICHE DENKE

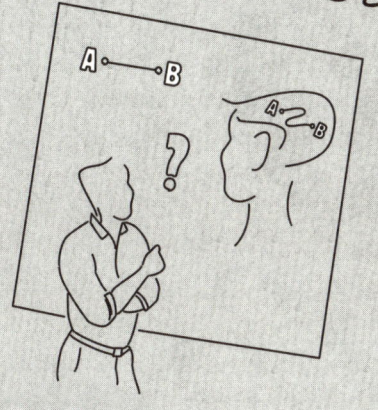

Ein Mann trifft Jeannie, den Flaschengeist, und hat einen Wunsch frei. Er freut sich: »Ich möchte eine Brücke vom Festland nach England bauen!« »Auweia«, entgegnet der gute Geist, »das ist ein sehr schwieriger Wunsch. Hast du nicht noch einen anderen?« »Ja, ich möchte die Frauen verstehen!«, wünscht sich der Mann prompt. »Okay«, tönt darauf sein Gegenüber, »lass mal hören: Wie soll diese Brücke genau aussehen?«

Und im Kabarett »Caveman« sieht Mann es so: »Das Gehirn der Frauen wird nicht durch Logik limitiert. Die Denke der Frauen ist etwas anders strukturiert.«

Bei näherer Betrachtung ist diese Andersartigkeit der weiblichen Denke nicht nur amüsant. Sie hat auch ihre Berechtigung. Das lineare Denken des Mannes von A nach B und seine zielgerichtete Analyse helfen den Frauen oftmals, sich nicht im Nirwana der Gedanken und Gefühle zu verlieren. Der Mann setzt hier mit seiner Energie die Grenze und hält der Frau den Raum. Auf der anderen Seite bietet die Fähigkeit der Frauen, eher vernetzt zu denken und intuitiv zu handeln, den Männern Zugang zu Informationen, die sie sonst nicht hätten. Ein weiser Mann macht sich daher nicht über die Art der Frau lustig, sondern sucht das Gold in dem, was die Frau ihm bereichernd zur Verfügung stellt. Sie kann seine Muse sein, sie kann ihm gerade durch ihr nicht analytisches Vorgehen Ideen liefern.

Der Film *Die Muse* verdeutlicht das auf wunderbare Weise: Eine schöne Frau (die Muse) wird von Männern hofiert und mit teuren Geschenken überschüttet. Sie kommen zu ihr, weil sie ideenlos sind und Inspiration suchen. Sie leistet dies allein durch ihr Sein, durch Anerkennung, Wertschätzung und Begeisterungsfähigkeit. Und schon generieren die Männer wieder Ideen aus sich selbst heraus. Die Muse wird schließlich als hoch bezahlter Geheimtipp gehandelt.

Die Fähigkeit, Feinheiten und Dinge zwischen den Zeilen wahrzunehmen, ist eine Qualität der Frauen, die Männer in dieser Ausprägung meist nicht haben. Daher sind Frauen in Beziehungen der Radar, der Mann ist der Pilot. Sie stellen ihre besonderen Anlagen den Männern seit jeher zur Verfügung. Aus diesem Grund haben beispielsweise Geschäftsmänner, die eine Frau an ihrer Seite haben, in der Regel ein umfassenderes Bild der Situation.

MEHR ALS EIN KLEINER UNTERSCHIED

Behauptete die Emanzipationsbewegung noch, die Unterschiede zwischen Männern und Frauen seien allein durch Erziehung geprägt, so liefert die heutige Gehirnforschung Nachweise für erbanlagebedingte Unterschiede. Die Universität Magdeburg veröffentlichte die entsprechenden Erkenntnisse in einer Abhandlung der European Dana Alliance for the Brain wie folgt:

Schon in der embryonalen Phase sorgt das bei Männern etwas kleinere Y-Chromosom für die unterschiedliche Entwicklung der Geschlechter. Es steuert die Anteile der Geschlechtshormone und hat auch entscheidenden Einfluss auf die Gehirnentwicklung. Forschungen ergaben, dass Männergehirne im Vergleich zu Gehirnen der Frauen im Schnitt weniger symmetrisch aufgebaut sind. Im Gegenzug ist bei Männern das Großhirn in der Regel umfangreicher. Die hier gelagerten Zentren sind für die Verarbeitung von Sinnesreizen und Erregung, für die Aktivierung von Muskeln sowie für das Erinnerungsvermögen zuständig. Die Verbindung beider Großhirnhälften ist jedoch bei Männern weniger stark ausgeprägt. Und das bedeutet, dass der Durchschnittsmann einseitiger denkt. Hierbei liegt der

Schwerpunkt in der Regel auf der linken Großhirnhälfte, die für die logischen, analytischen Prozesse zuständig ist. Frauen hingegen nutzen vermehrt das Zusammenspiel mit der rechten Gehirnhälfte und deren kreativer, emotionaler Verarbeitungsweise. Ein auffälliges Ergebnis der Forschungen ist auch, dass sich die Gehirne der Geschlechter in einigen Bereichen deutlich durch die Anzahl der Neuronen und damit in ihrer Reaktion auf chemische Botenstoffe, zum Beispiel Sexualhormone, unterscheiden.

Stellt man Männer und Frauen vor die gleichen Aufgaben, so fällt in der Dokumentation der damit einhergehenden Gehirnaktivitäten auf, dass teilweise andere Bereiche genutzt werden. So fand man heraus, dass die räumliche Orientierung, mathematische und mechanische Überlegungen im Durchschnitt mehr zu den männlichen Domänen zählen, während Frauen in der Regel eine größere Begabung im Sprachgebrauch vorweisen. In welchem Maß solche Unterschiede angeboren oder anerzogen sind, bleibt offen. Das Gehirn arbeitet nämlich nicht nur nach seinen genetischen Vorgaben, sondern lässt sich vor allem in der Kindheit durch Umwelteinflüsse formen.

Wo und wann auch immer die Denk- und Handlungsweisen von Männern und Frauen untersucht werden, zeigt sich, dass diese verschiedenartige »Verdrahtung« der Geschlechter eine Fülle an Unterschieden und jede Menge Missverständnisse in unserem Alltag mit sich bringt. Wie oft stehen Männer ob der Reaktionen einer Frau kopfschüttelnd da – und umgekehrt genauso. Sicher kann man nicht alle Frauen – und ebenso wenig alle Männer – über einen Kamm scheren. Die folgenden Punkte sind also eher als Orientierung und Erklärungshilfe gedacht und weniger als in Stein gemeißelte, einzig gültige Wahrheiten.

Männer lieben Team-Partner – Frauen sind auf der Suche nach dem Seelen-Gefährten

Früher gingen Männer gemeinsam auf die Jagd und waren trotzdem im Wettbewerb miteinander. Sie wollten sehen, wer der Bessere, wer der Stärkere war. Die Frauen waren in Urzeiten dafür zuständig, auf die Kinder aufzupassen und sie bei Bedarf in der Höhle vor wilden Tieren zu schützen. Männer lernten also zu integrieren, im Teamwork zu arbeiten, während es für Frauen wichtig war, sich abzugrenzen. Die einzige überlebenswichtige Verbindung war für sie diejenige zu ihrem Mann. Daher ist auch heute noch der Gefährte mit der gemeinsamen Wellenlänge das Wichtigste für die Frau. Sie erwartet, dass er ihre Gedanken kennen möchte, sie liest und weiß. Für den Mann hingegen haben nach wie vor das Spiel und das Team Priorität.

Männer wollen akzeptiert werden – Frauen wünschen sich Verständnis

Als Teamplayer geht es Männern darum, mit ihren Stärken und Schwächen akzeptiert zu werden. Sie wollen »in Ordnung« sein. Der Leader eines Teams macht auch schon mal den einen oder anderen »rund« und verteilt einen Anpfiff – und doch behandelt er seine Untergebenen mit Respekt. Damit können Männer umgehen. Frauen hingegen wollen in der Tiefe ihrer Empfindungen verstanden werden. Sie möchten ihre Gedanken mitteilen. Wenn Männer hier Interesse zeigen und zuhören, sammeln sie wertvolle Pluspunkte.

Männer drücken sich kurz und prägnant aus – Frauen schmücken aus, kommunizieren gerne ausführlich

Für Männer steht die Zielerreichung im Vordergrund. Sie geben allen Beteiligten genau die Informationen weiter, die hierfür notwendig sind, und halten den Fokus auf den Zweck gerichtet. Für Frauen dagegen ist es wichtig, die Prozesse, die sich abspielen, darzulegen und ihre Gefühle und Erlebnisse dabei zu erläutern und mitzuteilen.

Männer denken einfach – Frauen dagegen komplex

In der Männerwelt geht es um Ehre, um Schwarz und Weiß. Daher ist es leichter für den Mann, der Frau seine Denkweise nahezubringen. Die Denkweise einer Frau ist für den Mann eher kompliziert und undurchsichtig. Es ist daher besser, ein gemeinsames Spiel zu kreieren, in dem beide Partner die männlichen Spielregeln des Teamworks leben. In diesem Spiel kann die Frau die männlichen Prinzipien verstehen lernen.

Als großer Fußballfan und aktiver Spieler verbringt Dennis viel Zeit mit seinem Hobby. Gunda ist dies anfangs ein Dorn im Auge. Als Dennis Gundas Unmut bemerkt, bittet er sie, zum Fußballspiel mitzukommen und seine Mannschaft anzufeuern. »Ich kenn doch nicht mal die Regeln«, meint Gunda, »da blamiere ich mich doch nur.« »Ja, wenn das so ist, dann schauen wir das nächste Bundesligaspiel im Fernsehen zusammen an und ich erkläre dir die Regeln«, entgegnet Dennis. Und siehe da, Gunda findet Gefallen daran, mit Dennis die Spielzüge der Akteure zu analysieren. Beim nächsten Fußballspiel steht sie begeistert mit auf der Tribüne und feuert seine Mannschaft an.

Margit bittet Elmar, mit dem Nachbarn zu reden. Es gibt

Unstimmigkeiten darüber, wo die Fahrräder abgestellt werden sollen. Als Margit den Schlagabtausch zwischen Elmar und dem Nachbarn hört, erschrickt sie und hält die Luft an. Doch später beruhigt Elmar sie: »Wir haben uns wunderbar geeinigt. Dieses Hin und Her gehört bei uns Männern dazu, wir testen einander damit.«

Männer wollen gewinnen – Frauen wollen teilhaben

Ein Mann agiert häufig unter der Prämisse, gewinnen zu wollen. Für ihn ist der Erfolg im Beruf oft wichtiger als die Familie, denn dort verdient er das Geld, um die Familie zu ernähren. Diese Moralvorstellung muss der Mann der Frau nach und nach verständlich machen. Wenn eine Frau das versteht, dann versteht sie, warum ein Mann die Priorität auf seinen beruflichen Erfolg legt. Sie versteht die Muster, die ablaufen, und den Druck, der im Business auf- und abgebaut wird. Er erwartet Interesse und Verständnis für seinen Beruf und sie soll teilhaben. Denn für den Mann bedeutet die Beziehung zur Frau Partnerschaft. Diese kann in seinem Sinn nur entstehen, wenn er ihr Einblick in seine Männerwelt gewährt. Wenn er sie teilhaben lässt an den Mustern, Regeln und seinen Gedanken dazu, dann kann er erkennen, ob sie zu ihm passt und seine Gedanken teilt. Für ihn ist es wichtig, dass sie Neugierde dafür entwickelt, ob Schnittmengen entstehen und die Beziehung zur wahren Partnerschaft wachsen kann.

Timo ist Broker bei einer großen Bank. Sabina hat von Aktiengeschäften keine Ahnung. Doch als Timo ihr die Grundzüge und Regeln des Börsenparketts erklärt, findet sie es faszinierend. Je mehr sie Einblick in seine Welt erhält, umso mehr Verständnis und Interesse hat sie für seinen Arbeitsalltag. Davon profitieren beide.

Männer leben nach Regeln –
Frauen agieren spontan

Frauen tendieren dazu, Regeln außer Acht zu lassen, zu biegen oder zu verändern. Das macht es den Männern schwer, Vertrauen zu fassen. Doch die Frau will den Mann damit nicht ärgern. Kennt sie die Regeln nicht, geht sie davon aus, dass der Mann so reagiert wie sie. Und sie ist verwirrt, wenn dem nicht so ist. Es ist also die Aufgabe des Mannes, ihr seine Regeln und deren Wichtigkeit für ihn nahezubringen. Nicht in Worten, sondern in Taten. Wenn die Frau die Regeln des Mannes kennt, kann sie damit umgehen. Auch der Trainer weist sein Sportteam mal lautstark zurecht und die Mannschaft nimmt es ihm nicht übel, solange er die Regeln dabei einhält. Es geht also mehr um den Rahmen, um Grundsätze, um Raum für Spontaneität, für Individualität. Somit bleibt auch Raum für die Frau – und das muss sie wissen.

Antons Arbeitstag war anstrengend. Er fühlt sich ausgelaugt. Als Miriam ein abendliches Treffen vorschlägt, lehnt er ab: »Hm, das klingt verlockend. Aber mein Tag war anstrengend, bitte lass es uns auf morgen verschieben. Heute brauche ich Zeit für mich – und morgen freu ich mich auf dich in alter Frische.« Miriam schmunzelt. Eine reine Absage hätte sie als Abweisung gewertet, doch so weiß sie, dass sie es Anton wert ist, die Zweisamkeit voll genießen zu können.

Männer lieben Pornos – Frauen Erotik

Frauen lieben es, auch in sexueller Hinsicht ihre Fantasie spielen zu lassen und nicht alles offenherzig darzulegen. Daher beziehen Sie auch ihre Wünsche mit ein und lassen Sie es zwar zielstrebig, aber trotzdem behutsam angehen.

Männer machen Jagd auf Frauen – Frauen sammeln Freundschaften

Da Männer eher Jäger sind, haben sie immer einen Erfolgsmaßstab im Kopf: die Anzahl der erlegten Kaninchen, der geschossenen Tore, die Körbchengröße des Busens ihrer Eroberung. Diese Vorliebe für Zahlen teilen Frauen eher selten.

Männer lieben Spiele, Frauen lieben Geschichten

Humorvolle Geschichten und Witze, die auf Kosten anderer gehen, sind mehr nach dem Geschmack der Männer. Bei Frauen kommen besonders Geschichten an, die andere gut dastehen lassen. Vorsicht ist jedoch bei Sexwitzen geboten.

TIPP Erzählen Sie ihr Geschichten von Zusammengehörigkeit, die andere zu Gewinnern machen. Und schon sind Sie in ihren Augen auch einer! Lassen Sie sie spüren, dass Sie anderen gerne helfen, sich für andere freuen können und gerne zum Erfolg anderer beitragen. Wenn Sie hingegen erzählen, wie Sie andere besiegt haben oder welche Missgeschicke anderen widerfahren sind, dann wird die Frau argwöhnisch hinsichtlich Ihrer Charakterzüge werden.

Matthias beschwert sich bei Heike lautstark über seinen Chef und die Kollegen. Schon in der vorherigen Firma hatte er es seiner Ansicht nach nur mit schwierigen Menschen zu tun. Heike wird misstrauisch: Wenn alle sich Matthias gegenüber schlecht benehmen und keiner mit ihm klarkommt, wie hoch ist daran wohl sein eigener Anteil?

Uwe ist geschieden. Seine beiden Kinder leben bei seiner Exfrau Ilka. Die damalige Trennung verlief nicht harmonisch. Das Verhältnis zueinander ist seither angespannt. Als er Kirstin kennenlernt, kommt die Sprache auch auf dieses Thema. »Ich zahle jeden Monat ziemlich viel Unterhalt für meine Kinder. Das ist eine große Belastung für mich, aber ich weiß, dass es ihnen zugutekommt und Ilka es nicht immer leicht mit ihnen hat. Sie sorgt gut für sie – also zahle ich es gerne.« Kirstin ist beeindruckt. Hier hat sie einen Mann mit Charakterstärke vor sich.

Männer lieben Direktheit – Frauen lieben den Kontext

Die Eigenschaft von Männern, auf den Punkt zu kommen und das Ziel aufs Korn zu nehmen, ist im Business von unschätzbarem Wert, im Gespräch mit Frauen allerdings nicht immer Erfolg versprechend. Logischerweise ist von A nach B die Gerade als direkter Weg der kürzeste. Wenn Sie allerdings mit Frauen sprechen, führen Umwege manchmal schneller zum Ziel. Also machen Sie sich frei von der Vorstellung, auf dem kürzesten Weg Ihr Ziel erreichen zu wollen. Damit vergraulen Sie die Frau eher. Wenn Sie sie sehr direkt ansprechen mit den Worten »Gehst du mit mir zusammen was trinken?« oder »Gehen wir miteinander ins Bett?«, wird Ihr Erfolg mäßig sein.

In meinen Flirtseminaren spielen wir immer wieder Ansprechsituationen durch. Manche Männer gehen dabei nach einem straffen, logischen Erstens-Zweitens-Drittens-Schema vor: »Ja, hallo.« – »Willst du mit mir was trinken gehen?« – »Wollen wir uns noch mal verabreden?« Landen können sie damit bei den Frauen eher nicht.

Männer lieben Geschwindigkeit – Frauen schätzen Zeit

Nehmen Sie sich also Zeit, sie kennenzulernen, und hetzen Sie nicht systematisch durch Ihren Dialogentwurf. Stattdessen geht es darum, ruhig mit der Situation zu schwimmen, ohne irgendwelche vorher festgelegten Punkte abzuhaken. Schauen Sie, wie die Frau reagiert und wie Sie mit ihr spielerisch umgehen können. Das hört sich vielleicht zunächst nach Umweg an, funktioniert aber wesentlich besser. Denn wenn Sie eine Frau zu sehr spüren lassen, dass Sie sie wollen, wird sie Sie nicht wollen. Wollen Sie aber etwas anderes, dann werden Sie interessant für sie. Surfen Sie also mit dem Gesprächsfluss und gehen Sie damit kreativ und spielerisch um – und Sie werden erstaunt sein, welche ungeahnten Ergebnisse möglich werden!

WENN SIE NEIN SAGT UND JA MEINT

Frauen möchten erobert werden. Sie wollen nicht, dass der Ritter die Burg einfach stürmt, sondern dass ihm die Eroberung einige Mühe wert ist. Das ist für Männer oft irritierend und schlecht einzuschätzen: »Wie mache ich weiter – wie nicht?« Wenn Sie sich von der ersten Ablehnung nicht verunsichern lassen und nachhaken, werden Sie zum Gewinner. Die Frau testet Ihr Durchhaltevermögen, das Ausmaß Ihres Interesses.

Sicher, wenn Sie ein entschiedenes, klares, großes Nein ernten, ist der Zug bei dieser Lady wohl für Sie abgefahren. Das sollten Sie akzeptieren. Aber lassen Sie sich nicht von einem kleinen Nein entmutigen. Nehmen Sie es als spielerisches »Ja, schon ganz gut – aber kannst du noch mehr?«, und legen Sie sich ins Zeug. Schließlich wollen Sie ihr zeigen, wie attraktiv sie für Sie ist. Sie wollen ihr Ihre Führungsqualität und somit Ihre Kraft und Ausdauer beweisen. Und das braucht in den Augen der Frau eben mehr als einen Anlauf!

Nico lernt Laura beim gemeinsamen Warten an der Bushaltestelle kennen. Nach einem kurzen, netten Gespräch fasst er Mut und fragt sie: »Hast du Lust, dich am Freitag mit mir auf einen Kaffee zu treffen?« Lauras Antwort verunsichert ihn: »Nein, am Freitag kann ich nicht.« Nico wertet das als Abfuhr. Dabei will Laura nur nicht den Eindruck erwecken, sie sitzt zu Hause, hat keinerlei Termine und wartet sehnsüchtig auf ein Date. Laura möchte einfach nur, dass Nico noch mal nachhakt. Sie will ihm nicht das Gefühl geben, sie sei zu leicht zu haben.

Frauen unterliegen schlicht und einfach den Mechanismen der kognitiven Dissonanz. Das bedeutet, sie haben widersprüchliche Gefühle und Wünsche in sich, die sie zunächst schlecht vereinbaren können. Also suchen sie für ihre Entscheidung Rechtfertigungen. Einerseits wünschen sie sich, erobert zu werden, andererseits möchten sie nicht »leicht zu haben« sein. Wenn sie also gleich Ja sagen würden zu Ihrer Annäherung, würden sie das sicherlich genießen, hätten aber zugleich ein ungutes Gefühl. Um das zu umgehen, senden sie Ihnen zunächst ein kleines Nein, das für Sie leicht auszuhebeln ist. Damit haben sie vor sich selbst den Schein gewahrt, eine schwere Beute zu sein. Schließlich ist das, was schwer zu erreichen ist, mehr wert als die Dinge, die uns in den Schoß fallen. Eine Frau will die Wertschätzung des Mannes spüren, also macht sie es Ihnen nicht zu leicht.

Eric hatte ein Date mit Jana arrangiert. Er schlug vor, sie zu Hause abzuholen. Jana wollte das nicht. Sie traf sich lieber auf sicherem Terrain im Lokal. Denn sie wollte noch nicht, dass er weiß, wo sie wohnt. Sollte der Funke von ihrer Seite aus nicht überspringen, war sie so vor Nachstellungen sicher. Eric aber bestand darauf: »Du brauchst nicht mit dem Bus durch die Stadt zu fahren. Ich hole dich mit dem Auto ab, das ist Ehrensache!« Jana merkte, dass Eric nicht bereit war nachzugeben. Sie stimmte zu. Es hatte ihr imponiert und ihr Vertrauen gegeben, dass Eric sich nicht hatte abwimmeln lassen.

Männer verpflichten sich gerne für etwas, geben dafür ihre Kraft und setzen sich voll ein. Sei es die Firma, der Sportverein oder eine Idee. Die Aufgabe der Frau ist es daher innerhalb der Beziehung, diese Kraft und Power des Mannes durch Nachgiebigkeit und Wertschätzung zu unterstützen.

In dieser Bereitschaft, sich voll und ganz für etwas einzusetzen, liegt auch der Grund, dass Männer sich oft mit dem Heiraten schwertun. Sie merken instinktiv, dass sie damit eine hohe Verpflichtung eingehen. Eine Verpflichtung, die – zumindest in der Vergangenheit – für die Männer weitreichende Konsequenzen hatte.

Ob ein Mann sich früher schützend dem Säbelzahntiger entgegengestellt oder die Burg vor dem Feind verteidigt hat – einer Familie oder einem Stamm verpflichtet zu sein, bedeutete für ihn unter Umständen, sein Leben aufs Spiel zu setzen. Erlag er oder wurde die Burg eingenommen, blieben Frauen und Kinder meist am Leben und integrierten sich in den neuen Stamm. Schlussendlich bedeutete also die eheliche Bindung für Männer etwas anderes als für Frauen. Denn wenn es hart auf hart kam, führte dies zu ungleich anderen Konsequenzen.

DER LAUTESTE AFFE

Immer noch schauen viele Frauen auf das obere Drittel der sozialen Pyramide. Sie suchen den Mann, der sich von der grauen Masse abhebt. Das muss nicht zwangsläufig Status oder Geld sein. Frauen suchen großzügige, sanfte und doch starke Männer, welche die Führung übernehmen. Sie suchen den Häuptling, der sich von den anderen abhebt und hervorsticht. Derjenige, der organisiert und Entscheidungen trifft, ist der Attraktivste. Der Sänger einer Band, der Seminarleiter, der Mannschaftscoach, der Skilehrer – sie alle erregen instinktiv mehr Aufmerksamkeit.

In einer Affenherde fand eines der rangniedrigen Männchen eine große Blechdose. Er untersuchte sie sorgfältig. Irgendwann nahm er einen Stock, schlug darauf und kreiselte den Stock wild in der Dose umher. Das machte einen mächtigen Lärm. Zunächst stoben alle Affen in Panik auseinander. Nach und nach kamen die Affen zurück und beobachteten das wilde Treiben des Männchens. Es dauerte nicht lange und der Affe hatte sich den Platz des Herdenführers erobert. Die anderen Affen hatten sein Krachmachen als Stärke empfunden und ihn zu ihrem neuen Anführer erkoren.

Die Aufgabe der Frauen ist es, die besten Bedingungen für den Nachwuchs zu gewährleisten. Dies begünstigt die natürliche Selektion und Fortpflanzung schon seit Urzeiten. Daher lieben Frauen Männer, die schnell und beherzt reagieren. Allerdings genügt das gelegentliche Zeigen von Mut allein nicht. Männer, die beständig kühn in Aktion treten, ihre Interessen vertreten und durchsetzen können, sind für Frauen attraktiv.

Für Frauen ist der Status innerhalb ihrer Umgebung wichtig. Sie suchen also einen Mann, der ihr hier durch seine Führungsqualität, seine Kühnheit und Schnelligkeit ein höheres Ansehen verschaffen kann. Dabei geht es nicht um plumpe Kraft und Angeberei.

TIPP Wenn Sie Ihre Muskeln spielen lassen, hat das den einzigen Zweck und Effekt, die anderen Männer zu vertreiben. Frauen stehen darauf gar nicht. Und die wenigen Exemplare, die es doch tun, suchen nur oberflächliche Qualitäten bei Männern. Diese Frauen werden Ihnen keine echten Gefährtinnen sein, sie werden nicht ein Leben lang auf Sie achten und zu Ihnen stehen, sondern sich schnell nach einem noch stärkeren Mann umschauen.

EIGENES SPIEL - EHRLICHKEIT

Alexander war in einem meiner Singleseminare. Im Anschluss daran kam er zu mir und bat um ein Einzelcoaching. Er sah gut aus und verdiente gut in seinem technischen Beruf. Er war kommunikativ und hatte auch die Inhalte des Seminars gut anwenden können. Trotzdem fand er keine Frau und war schon recht verzweifelt. In der Einzelsitzung fragte ich nach seinem Tagesablauf. Er erzählte von seinem Job am PC, welcher ihn nicht ausfüllte. Er schob eine ruhige Kugel und hätte die Arbeit auch in wesentlich kürzerer Zeit erledigen können. So aber kam er erst gegen 18.00 oder 19.00 Uhr abends nach Hause. Schnell etwas essen und dann setzte er sich in der Regel vor den Fernseher oder besser noch vor den Computer. Dort durchforstete er die Partnerschaftsbörsen auf der Suche nach der richtigen Frau für sich. Am Wochenende ging er auf Single-Events und kam gefrustet heim. Die mutigen Männer hatten sich die guten Frauen schnell geschnappt.

Wir vereinbarten einen Stopp: Kein Dating mehr, keine aktive Partnersuche. Stattdessen verordnete ich Alexander eine »Kur« fürs Ich. Er sollte herausfinden, was ihn zum Leuchten bringt, was ihn begeistert. Denn genau das ist es, was die Frauen an Männern anzieht: Wenn der Mann für etwas brennt, wenn er seine Möglichkeiten lebt. Alexander begeisterte sich für Volleyball. Das war unser erstes Projekt für ihn. Er machte den Übungsleiterschein und wurde Trainer einer Frauenmannschaft. Zum anderen sprach Alexander mit seinem Chef. Dieser ahnte gar nicht, dass Alexander unterfordert war. Gemeinsam entwickelten sie einen Weiterbildungsplan, mit dem er auf die Beförderung zusteuerte. In den Abendkursen lernte Alexander schließlich seine jetzige Partnerin kennen. Ihr gefiel seine Begeisterung und Zielstrebigkeit.

FOLGEN SIE DEM EIGENEN LEUCHTEN

Es ist Ihr Magnetismus, der auf die Frau wirkt. Ihre Begeisterung, Ihr Strahlen, wenn es um Ihre Mission geht. Es geht nicht darum, ob Sie schon am Ziel Ihrer Träume angelangt sind, ob Sie den Erfolg bereits eingefahren haben. Es geht vielmehr darum, dass Sie für etwas brennen, dass Sie das Potenzial haben, etwas zu erreichen. Gemeint ist also nicht Ihr Lieblingshobby, sondern Ihre Vision, Ihre Berufung. Frauen haben ein unfehlbares Gespür für das Potenzial von Männern. Sie sehen in wenigen Augenblicken, ob Sie das Zeug haben, sich und andere für etwas zu begeistern – oder eben nicht. Auch wenn Sie noch mittendrin auf Ihrem Weg sind: Wenn Ihre Leidenschaft für ein Thema brennt, wird die Frau Ihnen liebend gerne dabei helfen, ihre Zeit opfern und sich an Ihrer Seite dafür einsetzen. Vorausgesetzt, Sie geben ihr das Gefühl, dass ihr Einsatz Ihnen etwas bedeutet. Geben Sie ihr deutlich zu verstehen, dass es für Sie einen Unterschied macht, wenn sie hinter Ihnen steht und Sie unterstützt. Das will sie wissen, das ist wichtig für sie, um sich gut zu fühlen. Um ihren Beitrag leisten zu können, braucht sie die Gewissheit, dass dieser auch wahrgenommen und anerkannt wird und dass er erwünscht ist.

TIPP Innerhalb ihres Umfelds möchte eine Frau immer einen höheren Rang als die anderen Frauen innehaben. Status ist jedoch eine subjektive Empfindung. Die meisten Frauen sehen ihn in Geld und Lifestyle. Sie stehen also auf dem Prüfstand: Was können Sie ihr bieten hinsichtlich Wohlstand und Sicherheit und, wichtiger noch, hinsichtlich Lebensfreude, Anregung und Lebensqualität?

In meinen Seminaren beklagen sich immer wieder einige Männer, dass sie von den Frauen nicht wahrgenommen werden oder in der Rolle des guten Kumpels und netten Gesprächspartners stecken bleiben. Und selbst wer diese Hürde geschafft hat, erlebt, dass die Beziehung manchmal über die Zeit abflaut und keine Anziehungskraft mehr da ist. »Ich bringe ihr Blumen mit und die Reaktion ist gleich null, sie hält sich trotzdem von mir fern.« Demnach ist es eine andere Qualität, über die netten Gesten hinaus, welche die Frauen suchen. Die Fragen aller Fragen ist also: *Was macht die sexuelle Attraktivität eines Mannes aus Sicht der Frauen aus?*

Die besten Chancen bei Frauen haben diejenigen Männer, die mit sich selbst im Reinen sind. Die Attraktivität in den Augen der Frauen hat nicht so viel mit Ihrem Aussehen zu tun, wie Sie vielleicht denken. Es geht primär um Ihre Ausstrahlung. Wenn Sie Ihr Potenzial leben, werden Sie für sie attraktiv. Sie spüren dann Ihre Power. Anstatt über Ihre Regeln zu sprechen, leben Sie nach ihnen. Sie werden in ihren Augen so zum »Alpha-Männchen«.

Frauen behaupten gerne, die Nummer eins in Ihrem Leben sein zu wollen – und sie handeln auch danach. Unbewusst aber werden sie Sie verurteilen, wenn Sie Ihre eigenen Ziele und Bedürfnisse hintanstellen und sie auf diese exponierte Position setzen. Erst wenn Sie Ihr Lebensziel kennen, verschwinden Druck und innere Leere, erst dann können Sie ihr für einen definierten Zeitraum entspannt die Aufmerksamkeit geben, die sie verdient, und im Alltag Ihren Mann stehen.

David Deida, schon erwähnter Trainer für Persönlichkeitsentwicklung, sieht noch einen weiteren Aspekt: »Ohne ein bewusstes Lebensziel ist ein Mann verloren. Er lässt sich treiben und passt sich den Ereignissen an, anstatt sie kreativ zu erschaffen. Ein Mann, der sein höchstes Lebensziel nicht kennt, lebt ein kraftloses, impotentes Leben und kann schließlich sogar sexuell impotent werden oder zu achtlosen mechanischen sexuellen Begegnungen neigen.«

Eine Frau will das Gefühl haben, dass Sie sich für Ihre Vision einsetzen, dass Sie Ihr Ziel mit Ausdauer und Kraft verfolgen und Ihr Leben darauf ausrichten. Hätte sie stattdessen das Gefühl, für Ihr Glück verantwortlich zu sein, würde sie anstelle Ihrer männlichen Attraktivität Bedürftigkeit spüren und Ihren Wunsch nach Intimität als Klammern abwehren. Besser, wenn sie Sie dafür bewundern kann, dass Sie Ihren Weg gehen: »Schätzchen, das ist jetzt wichtig – du musst ein bisschen warten.«

Helmut bietet in seinem Ladengeschäft in der Innenstadt Pralinen und Leckereien an. Seine Freundin Astrid hat die Idee, in der umsatzstarken Vorweihnachtszeit eine Woche in Skiurlaub zu fahren. In ihren Augen kann Helmut sein Geschäft die eine Woche ruhig schließen. Helmut wehrt ab und setzt sich durch. Das Geschäft bleibt offen, sie fahren im Januar und haben dort eine wundervolle Zeit. Wochen später gesteht ihm Astrid: »Du hast mir imponiert.«

Es ist wie mit einem Ritter, in dessen Land die Feinde einfallen. Der Ruf wird laut: Er muss in den Kampf ziehen. Er hatte einige schöne Tage mit seinem Fräulein auf der Burg, aber jetzt ruft ihn die Pflicht. Wenn sie flehen würde: »Bitte geh nicht, ich habe Angst, ich brauche dich« und er sagen würde: »Okay, dann bleib ich eben da ...«, würde sie ihn verachten. Sie achtet ihn dafür, dass er geht, dafür, dass er seine Aufgabe wahrnimmt. Frauen wollen, dass der Mann stark genug ist, zu ihr Nein zu sagen. Sie wollen, dass er zeigt, wenn ihm Dinge wichtig sind.

TIPP Wenn ihr Wunsch mit Ihren Terminen unvereinbar ist, sagen Sie: »Nein, Liebling. Ich gehe jetzt. Und ich komme wieder, dann nehme ich dich in den Arm und wir holen alles nach.« Sie wird Sie dafür lieben.

Stellen Sie Ihre Beziehung nicht höher als Ihr höchstes Ziel, als Ihre Lebensaufgabe, sonst schwächen Sie sich selbst und verlieren in den Augen der Frau. Sie erweisen der Welt und dem Universum einen schlechten Dienst und verwehren Ihrer Partnerin einen wahrhaftigen Mann, der ihr seine volle, ungeteilte Kraft und Gegenwart schenken kann.

EHRLICH WÄHRT AM LÄNGSTEN – SEIEN SIE AUTHENTISCH

Sicher wollen Sie der Frau gefallen. Die Versuchung liegt nahe, sich so zu präsentieren, wie eine Frau es aus Ihrer Sicht toll findet. Doch diese Strategie können Sie nicht lange aufrechterhalten. Zudem wissen Sie ja noch nicht einmal, ob sie es tatsächlich so toll findet. Wenn man Frauen fragt, was sie an Männern schätzen, dann rangieren Ehrlichkeit und Humor ganz vorn. Die Frau will Vertrauen, und sie will die Wahrheit. Ehrlichkeit und Echtheit schaffen Vertrauen, auch wenn es manchmal schmerzt und es nicht das ist, was sie vielleicht gerade hören will. Ehrlichkeit ist das wichtigste Werkzeug im Umgang mit Frauen und sich selbst! Andernfalls werden Sie immer das Gefühl haben, sie liebt nur das von Ihnen kreierte Trugbild und nicht Sie. Manipulieren Sie also nicht – das hätte, wenn überhaupt, nur kurzfristigen Erfolg.

Es geht darum, das eigene Spiel zu finden und es mit Begeisterung zu spielen. Dann kann die Frau entscheiden, ob sie für sich einen Platz in diesem Spiel sieht und ob sie ihn einnehmen möchte. Schon Aristoteles Onassis wusste: »Ab einem gewissen Punkt ist Geld bedeutungslos. Es ist kein Ziel mehr. Das Spiel ist, was zählt.« Es geht um die Herausforderung, die Sie reizt.

Schaffen Sie also Vertrauen bei der Frau, indem Sie die Karten offen auf den Tisch legen. Zeigen Sie ihr, wie Sie sind, und seien Sie ehrlich! Das wird sie entweder verschrecken oder beeindrucken. Haben Sie Mut zum Risiko, denn schließlich wollen Sie eine »echte« Verbindung zwischen Ihnen und Ihrer Herzensdame aufbauen. Prüfen Sie, ob Sie auf der gleichen Wellenlänge senden – das gilt für jedes Thema. Aber für die Themen Familie und Beziehung ganz besonders!

Jede Unehrlichkeit – und sei sie noch so klein – bringt später Probleme mit sich, die nicht sein müssen. Schließlich wollen ja auch Sie wissen, ob Sie zusammenpassen. Also keine Täuschungen! Finden Sie heraus, ob Ihre Vorstellungen übereinstimmen. Das geht nur mit Ehrlichkeit Ihnen selbst und ihr gegenüber. Ihr Handeln und Ihr Tun müssen zu Ihren Worten passen. Nur dann hat sie ein klares Bild von Ihnen und kann sich entscheiden.

Sicher wird sie nicht alles begeistern. Sie wird erkennen, dass Sie Ecken und Kanten haben. Durch Ihre Aufrichtigkeit ernten Sie aber ihren Respekt. Und der ist die unabdingbare Basis für eine funktionierende Beziehung. Wenn Sie ihr nicht nach dem Mund reden, ist Ihr Gewinn also ungleich größer.

Günter liebt Frauen und sammelt mit Vorliebe sexuelle Erfahrungen. Daraus macht er keinen Hehl. »Wenn ich liebe, dann liebe ich mit Haut und Haaren. Aber ich kann nicht treu sein. Ich brauche die sexuelle Abwechslung.«

Als Brigitte ihn kennenlernt, hört auch sie diesen Satz. Sie kommt damit klar und schenkt ihm ihr Vertrauen. Wäre Günter zu Beginn ihrer Beziehung nicht so ehrlich gewesen, hätte es ein böses Erwachen gegeben. So aber konnte Brigitte sofort entscheiden, ob sie eine offene Beziehung leben kann und will.

Marcel hat sich in Nadine verliebt. Sie ist deutlich jünger als er. Bei der Frage nach seinem Alter ist Marcel unehrlich – er macht sich um einige Jahre jünger. Immer wieder stutzt Nadine bei Marcels Erzählungen von früher, sie rechnet im Geist nach und ist verwirrt. Als Marcel schließlich Geburtstag feiert, gratuliert ihm sein Freund zum 49. – Nadine ist verblüfft. Marcel versucht ihre Irritation mit den Worten »Na ja, der weiß halt nicht so genau, wie alt ich bin« wegzuwischen. Es bleibt ein ungutes Gefühl auf beiden Seiten und Nadine wird immer misstrauischer – auch bei anderen Themen. Als sie eines Tages bei Reisevorbereitungen seinen Pass in Händen hält, sieht sie sein Geburtsdatum. Es kommt zum Streit. Nadines Vertrauen in Marcel ist erschüttert. Daraufhin kommt es auch zu anderen Auseinandersetzungen. Wochen später beendet sie die Beziehung.

Im Supermarkt sieht Andi Marion. Sie gefällt ihm. Vor dem Weinregal spricht er sie schließlich an: »Entschuldigung, können Sie mir bitte einen Wein für einen Grillabend empfehlen? Ich kenne mich da leider gar nicht aus.« Marion lächelt und bleibt stehen. Sie stellt einige Fragen zum Essen und greift schließlich nach einer Flasche: »Nehmen Sie diesen hier, der sollte passen.« Zu ihrer Überraschung stellt Andi die Flasche wieder zurück ins Regal und meint schmunzelnd: »Oh, danke schön. Aber wissen Sie, eigentlich habe ich gar keine Gäste zum Grillen. Ich wollte Sie nur kennenlernen.« Marion ist amüsiert. Sie nimmt die Flasche wieder in die Hand, streckt sie Andi hin und feixt:

»Tja, dann ist von Ihnen jetzt wohl eine Einladung zum Grillen für mich fällig.«

Tanja und Sören sind schon mehrere Jahre zusammen. Als sie sich kennenlernten, war Tanja 37 und Sören 44. Tanja wünschte sich schon immer Kinder und hat seit Beginn ihrer Beziehung schon mehrmals mit Sören darüber gesprochen. Er nimmt nie klar dazu Stellung. Als Tanja ihm eines Tages die Pistole auf die Brust setzt und eine Entscheidung verlangt, kommt es heraus: Sören will keine Kinder. Tanja ist stinksauer und macht Schluss. Sie ist inzwischen 42 Jahre alt und fühlt sich von Sören um ihren Lebenstraum betrogen.

Egal, worum es geht: Unehrlichkeit schürt Streit und Kampf. Sie ist der Nährboden für weitere Lügen und zu guter Letzt befinden Sie sich im Rosenkrieg. Wer will das schon! Wenn in der Beziehung keine Ehrlichkeit herrscht, vergiftet das alles: Das Miteinander wird zum Gegeneinander. Am Ende leiden alle, die Frau, die Kinder, Sie, Ihre Lebensfreude, Ihr Alltag, Ihre Denkweise. Und das nur, weil zu Beginn Zweifel entstanden sind. Also gilt es, klar Stellung zu beziehen und danach zu leben. Wenn Sie jederzeit das, was Sie sagen, auch wirklich so meinen, umgehen Sie diesen ganzen Strudel.

TIPP Wenn Sie noch wenig Erfahrung mit Frauen haben sollten: Stehen Sie dazu. Sonst wecken Sie falsche Erwartungen und es kommen Unstimmigkeiten auf, welche die Frau verunsichern.

Eine Frau spürt, ob ein Mann sexuell aktiv ist oder nicht. Er strahlt das aus. Deshalb haben sexuell aktive Männer oftmals eine größere Anziehungskraft auf die Frau. Sie empfindet diese Kraft instinktiv. Und der Mann ist seinerseits relaxed im Umgang mit den Frauen. Denn er hat »es« nicht nötig, er steht nicht unter Druck, Sex haben zu »müssen«. Er kann völlig entspannt agieren. Wenn sich etwas ergibt, dann ist es gut – wenn nicht, auch gut.

Wenn Sie also auf diesem Gebiet noch relativ unerfahren sind: Denken Sie darüber nach, ob es Wege gibt, das zu ändern, die für Sie stimmig sind. Möglichkeiten, Ihre Sinnlichkeit zu steigern, gibt es viele: Buchen Sie eine erotische Massage, besuchen Sie ein Tantraseminar. Oder stehen Sie einfach dazu. Klären Sie das auf jeden Fall für sich, bevor Sie ein Kommunikationstraining nach dem anderen machen. Sonst wundern Sie sich am Ende, warum sich der Erfolg bei den Frauen nicht einstellen mag.

Wenn Sie nur eine Frau für eine Nacht suchen: Gut – aber sagen Sie es. Laut und deutlich. Sie werden erstaunt sein, wie viele Frauen daran Interesse haben. Aber am nächsten Morgen sind sie weg. Wenn das für Sie passt – prima. Wenn nicht, lassen Sie die Finger davon.

VOM EGO ZUM EIGENEN WESENSKERN

Viele Menschen agieren aus dem Ego. Ihr eigenes Spiel zu finden, das, was Sie in die Kraft bringt, bringt Sie auch aus dem Ego. Es bringt Sie in Ihre wahre Essenz. Wer im Ego ist, blickt nur auf sich und zieht mehr Energie, als er abgibt. Er ist der Energie absorbierende Planet, von dem wir bereits gesprochen haben. Seine Gedanken beschäftigen sich mit: »Wie geht es mir?«, »Wie stehe ich da?« und »Wie mache ich bei ihr Eindruck?«

Ihr wahres Wesen ist mehr. Es ist alles, was Sie auch ohne den Filter des Verstandes sind. Es ist das, was die Verbindung zu anderen schafft. Weg von Ihrem eigenen Bedürfnis, hin zum Wir. Der Stern, der nicht um sich selbst kreist und anderen Energie wegnimmt, sondern mit seinem Licht andere zum Strahlen bringt. Ein Stern spricht öfter von »du« als von »ich«. Seine Aufmerksamkeit ist bei den anderen. So entsteht ein Gefühl der Gemeinschaft, der Zusammengehörigkeit und der Geborgenheit. Es braucht dann kein Tun und keine Worte. Worte sind Äußerungen des Ego, sie sind subjektiv interpretierbar und lassen bei jedem andere Bilder und Ansprüche entstehen.

TIPP Wenn Sie immer ehrlich sind und Ihr wahres Wesen präsentieren, dann begegnen Sie der Frau auf einer Ebene fernab vom Ego. Ihr Instinkt und nicht ihr Verstand entscheidet dann, ob sie sich zu Ihnen hingezogen fühlt oder nicht.

Solange Sie Frauen gegenüber einen Vorteil erlangen wollen, sehen sie in Ihnen einen Feind und meiden Sie. Sie sind ein Teil der großen Gemeinschaft, der seine Verantwortung übernimmt und auch anderen etwas zu geben hat. Wenn Sie sich dessen bewusst sind, dann agieren Sie natürlich und authentisch. Dann wirken Sie echt – und das mögen Frauen.

DAS SPIEL AUFSETZEN

Das Ego bzw. die Selbstbezogenheit ist hinderlich, wenn ein Mann Frauen erobern will. Zu viel davon macht einen Mann zum Macho. Er versucht sich in den Vordergrund zu spielen. Hat ein Mann hingegen zu wenig Ego oder richtet er es nach innen, dann ist er schüchtern. Diese Männer möchten gut dastehen, indem sie nichts falsch machen.

TIPP Wenn Sie schüchtern sind, versuchen Sie, die Beschäftigung mit sich selbst gegen ein Miteinander und gegen Teamgeist auszutauschen. Konzentrieren Sie sich auf das gemeinsame Spiel. Wenn Sie das Team bestmöglich unterstützen und auch die anderen Spieler gut sein lassen, dann gewinnen alle. Dann sind Sie Teil der Gemeinschaft und etwas Besonderes. Sie werden attraktiv für die anderen und für die Frau. So wie im bereits genannten Beispiel von Johannes mit den Taxis im Skiurlaub.

Frauen spüren, wenn Männer auf der Suche sind und vom Mangel bestimmt sind. Das kreiert keine Attraktivität. Wenn Männer statt zu suchen mit Freude Einsatz bringen und in ihrem Spiel aufgehen, dann werden die Frauen von selbst neugierig. Statt also krampfhaft zu suchen, sollten Sie Ihren eigenen Magneten stärken. Denn dessen Aktivität bewirkt die Anziehungskraft. Männer ohne eigenes Spiel verbringen ihre Zeit mit Dingen, die sie schwächen, statt sie zu stärken. Dazu gehört auch, dass sie zu viel Junkfood, Süßigkeiten oder Alkohol konsumieren. Auch üble Witze, Gemeinheiten, Ratsch und Tratsch beeinträchtigen Ihren Magnetismus, ebenso Internetspiele und übermäßiger TV-Konsum. Wenn ein Mann nichts hat, wofür es sich für ihn lohnt aufzustehen, dann wird er träge und bequem. Und damit in den Augen der Frau unattraktiv und unsexy.

Christoph war schon lange auf der Suche nach der passenden Frau – bisher allerdings ohne Erfolg. In der Coachingausbildung berichtete er von seinem Frust. Während der Ausbildung entwickelte er ein Seminarkonzept für Improvisationstheater. Die Umsetzung verschlang viel Zeit und Christoph ging voll darin auf. Die Suche nach einer Partnerin rutschte völlig in den Hintergrund. Eines Tages funkte es dann zwischen ihm und Anna. Sie war eine von zahlreichen Teilnehmerinnen in seinen Seminaren. Er hatte gar nicht aktiv nach ihr suchen müssen.

Wenn Sie etwas verändern möchten, verändern Sie Ihre Schwingung. Sicher kennen Sie Tage, an denen scheinbar alles schiefläuft: Sie schneiden sich beim Rasieren, bekleckern sich mit Kaffee und rennen genervt zum Bus. Der macht gerade vor Ihrer Nase die Türen zu und fährt ab. Wenn Sie sich ärgern, ist Ihre Schwingung im Keller. Sie ziehen dann weitere negative Dinge an, die Ihre Laune noch mehr verderben. Ihre Wellenlänge bestimmt die Resonanz. Schütteln Sie sich, meditieren Sie oder tun Sie sich etwas Gutes. So versetzen Sie sich wieder in gute Stimmung – und Ihre Schwingung, die Sie aussenden, verbessert sich wieder. Und damit auch die Wahrscheinlichkeit, positiv denkende Gleichgesinnte anzuziehen.

Ganz wichtig in diesem Zusammenhang ist es, dass Sie sich mit Menschen umgeben, die Sie mögen. Die Ihnen Wertschätzung entgegenbringen, die Sie bestärken und in deren Gesellschaft Sie sich wohlfühlen. Das soziale Umfeld bestimmt Ihren Alltag – und damit Ihre Schwingung und Ihre Anziehungskraft. Umgeben Sie sich mit Menschen, die Ihnen wohlgesinnt sind. Beschäftigen Sie sich mit Dingen, die Ihnen Spaß machen, und richten Sie Ihren Blick auf das Positive. Seien Sie dankbar für die guten Dinge, die Ihnen widerfahren. Dann ziehen Sie unweigerlich mehr davon in Ihr Leben.

Jede Woche trifft sich Werner mit einigen Kumpels auf ein Bierchen, um sich über dies und das zu unterhalten. Diesmal erzählt er begeistert von seinem ersten Golfspiel. Die Freunde witzeln: »Das ist doch wohl ein Sport für alte Männer. Ist es mit dir schon so weit gekommen?« Werner behält weitere Details für sich. Später telefoniert er mit seinem Freund Heinz. Als er diesem von seinem neuen Sport erzählt, ist Heinz Feuer und Flamme: »Wow, das klingt gut, das will ich auch mal ausprobieren. Nimmst du mich das nächste Mal mit? Vielleicht ist das ja auch was für mich.« Werner verabredet sich begeistert mit ihm.

Cordula diskutiert mit dem Schaffner bezüglich eines Problems mit ihrer Fahrkarte. Nach einigem Hin und Her lachen beide und der Schaffner verabschiedet sich. Boris hat die Szene beobachtet und spricht Cordula darauf an: »Das haben Sie aber charmant gelöst.« »Ja«, erwidert Cordula, »wir haben uns da wohl zunächst mächtig missverstanden. Der gute Mann tut ja auch nur seine Pflicht.« Seine Wachsamkeit liefert Boris einen guten Gesprächseinstieg. Wenig später gehen er und Cordula in eine Unterhaltung vertieft gemeinsam den Bahnsteig entlang.

Bei Eva und Dieter steht die Anschaffung eines neuen Autos an. Dieter wünscht sich schon immer ein Cabrio. Da sie zwei Kinder haben, verwirft er den Gedanken sofort und sie denken über ein größeres Auto nach. Dieter ist eben der geborene Familienvater. Eva fehlt da manchmal der Kick an ihm. Sie merkt, wie Dieter bei dem Gedanken an ein Cabriolet strahlt. Eines Tages, mitten in den Überlegungen, sagte sie: »Weißt du was: Kauf ein Cabrio, denn du hast so ein Leuchten in den Augen, wenn du davon sprichst. Komm, wir machen eine Probefahrt.« Schließlich ist sie genauso begeistert von dem Wagen wie er – und sie strahlt, wenn er sie damit abholt!

Verkneifen Sie sich die Erfüllung Ihrer Wünsche nicht. Wenn Sie Ihre Träume nicht kennen, dann suchen Sie sich jemanden, der Sie darin coacht. Finden Sie heraus, wofür Ihr Herz schlägt, ob materiell oder in anderen Bereichen. Und dann kaufen Sie den Porsche, das Motorrad, gehen Sie zum Bungee-Jumpen, machen Sie das soziale Projekt oder steigen auf den Mount Everest. Nicht um die Frauen zu beeindrucken, sondern um selbst Spaß zu haben! Frauen lassen sich gerne davon mitreißen.

UNDERSTATEMENT ODER ANGEBEREI

Was auch immer Ihr Adrenalin in Wallung bringt, machen Sie es – und stehen Sie dazu! Es ist ein Teil von Ihnen und zeichnet Sie aus. Wenn Sie Understatement betreiben, wird die Frau das als unecht wahrnehmen und ein störendes Gefühl haben.

Einer meiner Kunden hatte ein Faible für Wein, war ein absoluter Weinexperte und hatte sogar einen kleinen eigenen Weinberg. Kam das Thema auf Wein, begann er zu leuchten. Im Kontakt mit Frauen war er allerdings vollkommen anders. Hier sparte er das Thema komplett aus, wollte nicht als Angeber dastehen und mit dem Thema »langweilen«. Das Ende vom Lied war, dass die Damen ihn als nicht stimmig wahrnahmen und links liegen ließen. Erst als er durch das Coaching neuen Mut schöpfte, verlief sein nächstes Date anders: Die Frau war höchst erfreut, als er sie zum Dinner bei der Weinauswahl beriet und genau den richtigen Wein empfahl. Sie wurde neugierig und schon war ein reges Gespräch im Gange. Schließlich sagte sie: »Wow, du bist ja wirklich ein echter Experte. Jetzt brauchst du mir nur noch zu erzählen, dass du einen eigenen Weinberg hast.« Da strahlte er und meinte mit leuchtenden Augen: »Stimmt tatsächlich, ich habe einen.« Die Frau fiel fast vom Stuhl – und strahlte ebenso.

RAUS AUS DER KOMFORTZONE

Was vermeiden Sie und wo bleiben Sie in der sicheren Komfortzone? Mit Komfortzone ist der Bereich Ihrer Aktionen gemeint, in dem Sie sich sicher fühlen. Das kann zum Beispiel heißen, auf einer Party die Frauen vom Rande der Tanzfläche zu beobachten. Möglicherweise wirkt es gewagter und gefühlt gefährlicher, eine Frau aufzufordern oder anzusprechen. Dort, wo Sie Aufregung und Herzklopfen wahrnehmen, bewegen Sie sich an den Rand der Komfortzone oder verlassen sie. Es wird unbequemer. Wagen Sie sich immer ein wenig über die Grenzen Ihrer Angst und Ihres Unbehagens hinaus. Verlassen Sie die Zuschauerbank und gehen Sie aktiv aufs Spielfeld! Auch wenn Sie das Spiel diesmal nicht gewinnen sollten, so gewinnen Sie doch an Mut und Ausstrahlung.

DIE TORE DER FESTUNG FRAU

DIE DREI TORE KOPF, HERZ UND LIBIDO

In den Märchen hat der Held immer drei Aufgaben zu erfüllen. Da Märchen aus dem kollektiven Unbewussten entstanden sind, hat dies seine Wahrheit. Genauso gibt es für den Erfolg bei Frauen drei geheime Tore, die vergleichbar sind mit den Aufgaben, die der Held im Märchen erfüllen muss. Diese Tore für den Erfolg bei Frauen liegen in verschiedenen Ebenen der Kommunikation: im Denken, Sprechen und Handeln. Seien Sie ihr Ritter. Wenn Sie Einlass in ihre Festung wollen, müssen Sie diese drei Tore durchschreiten: ihren Intellekt, ihr Gefühl und ihren Trieb.

Menschen öffnen sich vom Kopf aus. Die entsprechenden Bereiche im Gehirn öffnen die Tore zu Herz und Bauch erst, wenn der Geist es erlaubt. Sie brauchen also drei Schlüssel – je einen für ihren Verstand, ihr Herz und ihre Sexualität. Auch wenn sie mit Ihnen Sex hat: Ihr Verlangen nach Ihnen müssen Sie erst entfachen.

Stellen Sie sich vor, die Frau ist gefroren wie eine Schneefrau und Sie wollen sie auftauen. Ein Mann, der sich auf Frauen versteht, weiß, wie er das bewerkstelligt: von oben nach unten. Vom Kopf übers Herz zur Libido. Um dies zu tun, gibt es zwei Generalschlüssel: Der eine ist der Humor, damit nehmen Sie den Druck aus der Unterhaltung. Der zweite ist Ihre Schwingung. Die richtige Energie ist wichtig. Gehen Sie deshalb nur auf Frauen zu, wenn Sie sich leicht und entspannt fühlen.

TIPP Es ist ein Irrglaube, dass Alkohol Ihnen dabei helfen kann, leicht und entspannt auf eine Frau zuzugehen. Damit sie Sie so wahrnehmen kann, wie Sie wirklich sind, ist es wichtig, dass Sie nüchtern sind.

Es geht darum, Vertrauen zu schaffen. Also sorgen Sie zuerst einmal für Entspannung. Lachen Sie entspannt – das gilt für Sie und auch für die Frau Ihnen gegenüber. Nehmen Sie ihr den Druck der vielen Anforderungen und Rollen, der auf ihr lastet. Und schon ist sie Ihnen wohlgesinnt.

Erhard ist erfolgreicher Geschäftsmann. Sein Erfolgsrezept ist der Humor. Wenn er ein Meeting zu leiten hat, sitzt er fein gekleideten, ernsten, angespannten Leuten gegenüber. Er eröffnet die Sitzung mit einer kleinen humorigen Anekdote, um die Stimmung etwas aufzulockern. Damit ist das Eis gebrochen, die starre Atmosphäre ist sofort verflogen und entspanntes Arbeiten wird möglich.

Verständlicherweise möchten Sie bei der Frau, die Ihnen gut gefällt, einen guten Eindruck hinterlassen. In dem Moment jedoch, wo Sie diesen guten Eindruck machen wollen, sind Sie mit Ihren Gedanken bei sich selbst. Sie überlegen zum Beispiel: »Habe ich noch Rucola zwischen den Zähnen? Ist das intelligent, was ich hier erzähle? Welche Story bringe ich, um ihr zu zeigen, wie toll ich bin?« Wenn Sie in Ihren Gedanken und so sehr in Ihrem Ego sind, können Sie keine Verbindung zu ihr aufnehmen. Das Ego blickt nur auf sich selbst.

Zuerst tritt also der Verstand mit dem Gegenüber in Kontakt. Erst wenn Sie die Aufmerksamkeit von sich selbst auf Ihr Gegenüber verlagern, erreichen Sie echte Annäherung und Anziehung. Achten Sie darauf, wie Sie die Frau entspannen können, wie Sie sie dazu bringen, etwas von sich zu erzählen, wie Sie sie gut dastehen lassen und ihr ein gutes Gefühl geben. Indem Sie das tun, sind Sie weg von Ihrer eigenen Präsentation und haben eine bessere Wirkung und Ausstrahlung.

Wenn ich Markus zu Vorträgen in meine Räume einlade, fällt mir eines auf: Er baut in seinen Vorträgen eine große Anziehung zu seinem Publikum auf. Er ist sehr spritzig, liebenswürdig und menschlich. Er verteilt seinen Charme auf die komplette Zuhörerschaft. Nach den Vorträgen ist er stets umringt von den Frauen des Auditoriums, die ihn mit Fragen bestürmen und an seinen Lippen hängen. Manchmal geht er dann in Begleitung zurück in sein Hotel.

Männer sind Jäger. Auch wenn Frauen diese Eigenschaften gefallen, wollen sie nicht zum gejagten Wild werden. So wie Robert Redford im Film als Pferdeflüsterer nie Druck auf das Pferd ausübt, sondern das Pferd neugierig macht. So lange, bis es Vertrauen zu ihm fasst, die Ohren aufstellt und langsam von selbst näherkommt. Genauso ist auch in der Beziehung mit Frauen die Anziehungskraft die Lösung. Sie ist einfach zu erzeugen – wenn Sie die Schlüssel für die Tore zur Frau kennen.

DAS TOR ZU IHREM VERSTAND

Das erste Tor zur Festung der Frau ist ihr Verstand, ihr Kopf. Wenn Sie auf dieses erste Tor zuschreiten, sollten Sie ganz bei sich sein, denn es geht darum, Vertrauen zu schaffen. Und das geht nur, wenn Sie Ruhe ausstrahlen.

Wir Frauen mögen die starke Schulter an unserer Seite und das Gefühl, dass ein Mann der Fels in der Brandung ist. Wenn Sie also – verständlicherweise – unter Strom stehen, machen Sie die Frau damit nur nervös und unsicher. Entspannen Sie sich also zuerst, kommen Sie an, seien Sie zuversichtlich und nehmen Sie Ihre Umwelt wahr. Wenn Sie jemand sind, der hektisch ist, gönnen Sie sich einen Moment Ruhe und schnaufen Sie erst einmal tief durch. Genießen Sie einfach die Frau Ihnen gegenüber und öffnen Sie Ihre Sinne. Dadurch fühlt sie sich sicher. Sie denken vielleicht, Sie müssten irgendetwas Besonderes tun. Aber in diesem Fall strahlt es schon Vertrauen aus, wenn Sie sich darauf konzentrieren, die Verbindung zu ihr aufzubauen, und einfach nur da sind. Damit ist jedoch nicht gemeint, einfach nur dazusitzen und in völlige Passivität zu verfallen, sondern gelassene Aufmerksamkeit ist angesagt. Auch krampfhafter Aktivismus schadet dem lockeren Gespräch und verschreckt die Frau wie ein scheuendes Pferd. Gehen Sie in Verbindung mit ihr und halten Sie den Raum. In der Ruhe liegt die Kraft. Und diese ruhige Kraft verhilft Ihnen zum Erfolg bei Frauen. Denn damit strahlen Sie Selbstbewusstsein und Selbstvertrauen aus.

Bei seinem Date mit Monika ist Bernd sehr nervös. Er legt sich schon im Vorfeld zurecht, was er ihr erzählen kann. Er spannt den Bogen von seinem aufregenden Job über seine Motorradreisen bis hin zu seinen abenteuerlichen Hobbys. Er ist derart mit Selbstdarstellung beschäftigt, dass ihm gar nicht auffällt, wie wenig er Monika zu Wort kommen lässt. Sie schüttelt innerlich nur den Kopf.

Stefan ist sehr achtsam und kommunikativ. Wenn er andere trifft, hört er aufmerksam zu, fragt nach, hat sich vieles aus vergangenen Gesprächen gemerkt. Damit punktet er. Viele seiner Gesprächspartner merken erst nach einiger Zeit angeregten Gesprächs, dass sie eine Menge von sich erzählt haben und dass es nun an der Zeit wäre, ihn auch etwas zu fragen.

Rolf und Irina haben ihr zweites Date. Im Restaurant legt Rolf Autoschlüssel und Handy auf den Tisch. Mitten im Gespräch klingelt das Telefon und das Bild einer hübschen, blonden Frau erscheint auf dem Display. Irina weicht innerlich zurück und fragt Rolf nach ihr. »Das ist Nicole. Ich habe mich letzte Woche mit ihr getroffen.« Irina ist sauer und fühlt sich abgewertet. Rolf versteht das überhaupt nicht: »Ist doch erst unser zweites Date«, meint er, »du gehst doch sicher auch noch mit anderen Männern aus.«

Zu Hause angekommen, schreibt Irina ihm eine SMS: »Danke für den Abend, aber kümmere dich künftig um Nicole. Ich wünsche euch alles Gute.«

Das, was Sie sagen und tun, sollte ihr das Gefühl geben, etwas Besonderes zu sein, und es sollte Sinn für sie machen. Sie wird sich Ihnen auf geistiger Ebene öffnen und zuwenden. Wenn Ihre Worte sie verletzen, dann war es das. Ein »Hallo, du Schöne – ganz allein hier?« wird ebenso wenig ihr Interesse wecken wie: »Wieso ist eine so attraktive Frau wie du noch Single?« Seien Sie sich also bewusst: Erst wenn ihr Verstand das »Go« gibt, haben Sie eine Chance, mit den anderen Schlüsseln die nächsten Tore zu öffnen!

Neugierde und echtes Interesse

Worum es geht, ist Aufmerksamkeit, Neugierde und Beobachten. Das Ego spricht viele Worte, wenn Sie aber stattdessen aufmerksam hinhören, kann die Frau Ihr Wesen spüren. Manche Männer reden viel, um einen guten Eindruck zu machen. So vermitteln sie aber nur ihr Ego, das sich gut darstellen will. Hören Sie lieber hin, geben Sie ihr die volle Aufmerksamkeit, seien Sie neugierig und interessieren Sie sich wirklich für die Frau! Das bedeutet nicht, dass Sie schweigend dasitzen. Stellen Sie ihr Fragen. Bleiben Sie mit Ihrer Aufmerksamkeit bei ihr und bei dem, was sie Ihnen mitteilt. Denken Sie also nicht, während Sie ihr zuhören, über Ihre nächsten Worte nach. Wirkliches Hinhören und Wahrnehmen funktioniert nur, wenn Sie sich selbst und Ihr Ego zurücknehmen. Beobachten Sie sie. Und beobachten bedeutet jetzt mehr als hinsehen. Es ist hinhören mit den Augen. Das beinhaltet nicht nur den Blickkontakt und das Zuhören. Es beinhaltet das gezielte Nachfragen und Interesse am anderen. Sicher haben Sie schon einmal erlebt, wie es sich anfühlt, wenn jemand nicht hinhört. Sie haben dann das Gefühl, Sie sprächen ins Niemandsland, Sie unterhielten sich mit einer »Wand«. Echtes Interesse hingegen fühlt sich völlig anders an.

TIPP   Achten Sie auf den Effekt Ihrer Worte. Schauen Sie sich die Reaktion ihrer Augen, ihres Gesichtsausdrucks und ihrer Haut an. Schauen Sie auf die Unterschiede und die Veränderungen. All das spiegelt wider, wie Ihre Worte bei ihr ankommen. Seien Sie mit Ihrer Aufmerksamkeit ganz bei ihr. Es geht um die Balance von Reden und Hinhören. Das öffnet den Geist und fördert das Wohlfühlen.

Hans hat sein erstes Date mit Sophie. Er redet sehr eloquent, erzählt von seinen Erfolgen im Beruf und von zahlreichen Reisen in ferne Länder. Sophie bewundert ihn dafür. Gleichzeitig ist sie eingeschüchtert und wird innerlich immer kleiner – da kann sie nicht mithalten. Nähe hat Hans durch seine Selbstdarstellung nicht erzeugt.

Diana traut ihren Ohren nicht. Moritz schwärmt ihr nun schon den ganzen Abend vor, was für eine tolle Frau seine Verflossene war. Was soll sie mit dieser Information anfangen?

Herbert hingegen jammert Beate seit einer geschlagenen Stunde vor, wie schrecklich er in der Beziehung zu seiner Exfrau gelitten hat. Beate gähnt innerlich und wünscht sich nach Hause.

TIPP Achten Sie darauf, dass Sie auch die Frau zu Wort kommen lassen. Frauen kommunizieren gerne. Also geben Sie ihr die Gelegenheit, etwas von sich zu erzählen. Der Funke kann nur überspringen, wenn Sie beide ausreichend Redezeit haben. Wenn die meiste Zeit nur Sie selbst reden, springt kein Funke über. Ihr gefühlter Redeanteil sollte nicht höher als 40 Prozent sein, dann liegen Sie richtig.

Eine Woche später trifft sich Beate mit einem anderen Mann. Er sieht nicht so gut aus wie Herbert. Er erzählt ihr von seinem Projekt. Auf einmal stoppt er und meint: »So, jetzt habe ich aber genug erzählt. Jetzt bist du mal dran. Was machst du denn gerne?« Da berichtet Beate begeistert von ihren Hobbys und Interessen. Es entwickelt sich ein reger Austausch zwischen beiden. Beide haben das Gefühl, sie könnten die ganze Nacht so weiterreden.

Manche Männer bemühen sich erst dann um das Interesse einer Frau, wenn diese in ihr Beuteschema passt. Nur dann sind sie neugierig und aufmerksam. Neugierde kann und sollte man lernen, denn sie bewirkt generell eine positive Ausstrahlung. Das heißt, selbst wenn Sie einer auf den ersten Blick unscheinbaren Frau begegnen, können Sie sie durch Ihre Neugierde und Ihr Interesse plötzlich in einem wunderschönen Licht erleben. Wenn Sie die Fähigkeit haben, jede Frau spannend und schön zu finden, dann fühlen sich die Frauen mit Ihnen wohl. Sie gewinnen damit an eigener Attraktivität. Es lohnt sich also, Neugierde und Interesse zu trainieren. Denn es ist nicht etwas, was Sie einfach in dem Moment, in dem Sie eine Frau anziehend finden, anknipsen können.

Beobachten und unterscheiden

Bisher ging es um die allgemeine Aufmerksamkeit. Jetzt geht es um das genaue Hinsehen, um die Wahrnehmung von Details. Jedes Wort und jedes Thema verändert die Stimmung zwischen Ihnen. Sie erzählen ihr zum Beispiel von Ihrer Anspannung im Beruf. Auf einmal ist die Leichtigkeit zwischen Ihnen verflogen. Oder sie spricht von der Trennung von ihrem letzten Freund und auf einmal sehen Sie Verletzung und Wut in ihren Augen. Wechseln Sie dann das Thema und fragen Sie sie, wo sie gerne ihren nächsten Urlaub verbringen will und was sie dort besonders genießen wird. Dann kommt wieder Lebendigkeit in sie, ihre Haut wird rosig, die Augen glänzen.

TIPP Viele Frauen werden sehr lebendig und fangen zu strahlen an, wenn es um das Thema Einkaufen geht. Testen Sie das mal. Achten Sie immer darauf, bei welchen Themen die Stimmung zwischen Ihnen sehr leicht wird, wie sich ihre Gestik und Mimik verändern.

Ob die Frau verletzt, wütend oder glücklich ist, all das sehen Sie in ihren Augen. Hier gibt es viele Feinheiten zu entdecken. Das rechte Auge verrät Ihnen, was ihr Verstand dazu sagt, im linken Auge sehen Sie ihre Gefühlswelt. Je mehr Sie diese Wahrnehmung trainieren, umso mehr werden Sie erkennen und verstehen, ohne Ihre eigenen Gefühle in sie hineinzuprojizieren. Mit etwas Übung werden Sie viele Feinheiten entdecken. Ein Mann, der diese Unterschiede wahrnehmen kann, ist deutlich im Vorteil. Mit allem, was Sie sehen, erhalten Sie Informationen darüber, wie diese Frau denkt und fühlt, was ihr wichtig ist und was sie interessiert.

Wenn Sie sie zu Beginn Ihrer Begegnung aufmerksam und wertfrei beobachten, können Sie später intelligente, passende Regeln für Ihre Beziehung aufstellen. Denn Sie wissen, wen Sie vor sich haben, wie sie tickt und worauf Sie sich einlassen. All das gibt Ihnen Hinweise, wie das nächste Date zu planen ist, womit Sie ihr eine Freude machen können und was ihr wichtig ist. Sie sehen zum Beispiel, ob sie bei Abenteuer und Überraschung strahlt oder eher beim romantischen Tête-à-Tête.

Brigitte liebt Abenteuer. Mit ihr können Sie Pferde stehlen und sie mit einem Wildwasser-Rafting überraschen.

Anne hingegen würden Sie damit nur abschrecken. Sie strahlt eher bei schöner Natur und tief gehenden Gesprächen. Ihr können Sie mit einem schönen Spaziergang am See eine Freude machen.

Mein Mann Dieter fragte mich bei unserem ersten Date: »Warum bist du alleinerziehend?« Ich fragte umgekehrt: »Warum bist du geschieden?« Die Stimmung zwischen uns wurde immer schwerer. Gottlob hat Dieter das bemerkt und das Gespräch im Anschluss gleich auf ein anderes Thema gelenkt.

TIPP Viele Frauen sind dankbar, wenn Sie sie nicht auf ihre schmerzvollen Themen ansprechen, wie zum Beispiel: Warum bist du allein? Warum findest du keinen Partner? Warum hast du zugenommen?

Achten Sie darauf, welche Botschaften Sie erhalten. Die Informationen, die Sie sammeln, sind nicht unbedingt die Wahrheit, aber es sind Leitideen, die Ihnen eine klare Sicht geben können. Wie die Linsen beim Optiker im Sehtest. Ihre Erfahrungen, Wünsche und Ängste vernebeln Ihnen den Blick. Schütteln Sie sie ab und sehen Sie die Frau nicht nur als Märchenprinzessin oder nur als »Weib«.

Wir Menschen vergleichen von Natur aus alles, was wir sehen, mit Dingen, die wir schon kennen. Wir essen einen roten Pilz und werden krank, seither sind wir gewarnt und vorsichtig bei allen roten Pilzen. Genauso stecken wir auch Menschen in Schubladen und vergleichen sie oft unbewusst und ungeprüft mit dem, was wir schon kennen. Das heißt, wir sehen eine Frau, die uns an jemanden erinnert, und schon denken wir, sie sei genauso wie die andere. Oder eine Frau ist sexy angezogen und schon folgern wir daraus, dass sie heiß im Bett sein muss. Trägt sie teuren Schmuck, heißt das nicht unbedingt, dass sie einen reichen Mann sucht. Ebenso wenig, wie Sie ein Modeltyp sein müssen, um eine gut aussehende Frau anzusprechen. Unser Schubladendenken hilft uns zwar, uns in der Welt zurechtzufinden, diese Vorurteile und voreiligen Schlussfolgerungen hindern uns aber auch daran, jemanden so zu sehen, wie er tatsächlich ist. Prüfen Sie also Ihre vorgefertigten Meinungen, Ihre vielleicht überfrachteten Erwartungen und projizieren Sie nicht. Nur dann können Sie objektiv beobachten und wahrnehmen. Nur dann sehen Sie die Frau, wie sie wirklich ist – und erzeugen Resonanz.

Die Kommunikation zwischen Ihnen beiden findet auf mehreren Ebenen statt: der verbalen, der nonverbalen und der Ebene der körperlichen Reaktionen. Dabei ist jede Kommunikation eine Art gegenseitiges Konditionieren: Aktiv konditionieren Sie, passiv werden Sie konditioniert. Wenn Sie mit einer Frau reden, verändern Sie etwas in ihr. Wenn Sie sie anerkennen, dann konditionieren Sie, dass sie ein gutes Gefühl hat, wenn sie die Zeit mit Ihnen verbringt. Wenn Sie ihr sagen: »Wow, du bist pünktlich, das ist super, das finde ich klasse!«, wird sie sich auch das nächste Mal wieder bemühen, pünktlich zu sein. Wenn Sie nichts sagen, denkt sie vielleicht, es sei Ihnen egal, und wird folglich nicht mehr darauf achten. Umgekehrt konditionieren ihre Äußerungen natürlich auch Ihr Verhalten.

DAS TOR ZU IHREM HERZEN

Wenn Sie es geschafft haben, ihren Verstand zu erreichen, Sie sich im Gespräch miteinander harmonisch austauschen können und auf einer Wellenlänge sind, dann ist es wichtig, das nächste Tor zu öffnen: ihr Herz. Die Werkzeuge hierzu sind Anerkennung und Feedback.

Viele Männer freuen sich, wenn sie mit einer Frau ein angenehmes Gespräch führen, und vergessen darüber, den nächsten Schritt zu tun. So bleiben sie nur der gute Freund. Sie haben Sorge, dass das nächste Tor verschlossen bleibt, und wagen sich daher nicht weiter. Sie hoffen auf das Wunder, dass sich dieses Tor von selbst öffnet. Das tut es jedoch nicht.

In unserer Gesellschaft wird immer noch häufig erwartet, dass der Mann auf die Frau zugeht. Was, wenn Sie zu unsicher sind, um diesen Schritt zu tun? Nun, wenn Sie darauf warten, dass sie das übernimmt, kann es sein, dass Sie allein bleiben. Obwohl es ja inzwischen immer mehr beherzte Frauen gibt. Aber verlassen Sie sich nicht darauf.

Seien Sie ihr Spiegel, geben Sie Feedback

Es geht also darum, jetzt im wahrsten Sinne des Wortes beherzt zu sein und bewusst auf dieses Tor zuzugehen. Sie wissen ja bereits: Mut und Entschlossenheit werden belohnt.

Damit Sie es aufschließen können, hilft Ihnen Ihre innere Einstellung. Vielleicht haben Sie Angst, von der Frau als Partner abgelehnt zu werden, wenn Sie mit Ihrem Bedürfnis nach Nähe und einer Beziehung offen umgehen.

Wenn Sie mit der Einstellung auf sie zugehen: »Ich möchte ihr den Abend verschönern, ich möchte sie erfreuen und ich möchte etwas dazu beitragen, dass sie sich wohlfühlt«, dann tun Sie es bedenkenlos. Denn mit dieser Einstellung werden Sie immer willkommen sein. Damit erreichen Sie viel mehr, als überstürzt ein Date auszumachen oder sogar so schnell wie möglich mit ihr im Bett zu landen. Je mehr Sie solche Bedürfnisse in den Mittelpunkt stellen, desto mehr wird die Frau das spüren und sich innerlich zurückziehen. Agieren Sie stattdessen galant und seien Sie »im Service« für sie: Unterstützen Sie sie bei dem, was sie braucht, um sich wohlzufühlen. Geben Sie ihr Feedback, fassen Sie Ihre Beobachtungen in geeignete Worte. Sagen Sie ihr, wann ihre Augen strahlen, wann sie lebendig wird und leuchtet. Und auch, wann nicht.

TIPP Damit Ihr Feedback auf fruchtbaren Boden fallen kann, ist es wichtig, dass Sie es neutral geben. Ohne Vorwurf, ohne Emotion. Schildern Sie einfach und ohne negative Wertung, was Ihnen auffällt.

Chiara und Herbert treffen sich in einer Bar und kommen ins Gespräch. Beide sind ziemlich müde. Chiara berichtet von einem anstrengenden Arbeitstag: »Ich bin reif für die Insel.« Als Herbert sie daraufhin nach ihren Reiseplänen für den Sommer fragt, beginnen Chiaras Augen zu leuchten. »Wow, wohin auch immer du reisen willst, ich sehe schon an deinen Augen, dass du voller Vorfreude bist«, spiegelt ihr Herbert. Und da erlebt er eine Überraschung: Chiara fängt an zu strahlen, kichert wie ein junges Mädchen und erzählt begeistert von ihrem Faible für Indianer. Während sie ihre Pläne, nach New Mexico ins Reservat zu reisen, ausschmückt, verändert sich ihre ganze Ausstrahlung, sie sieht um Jahre jünger aus, wird lebendig. Von Müdigkeit keine Spur mehr.

Jede erwachsene Frau ist in ihrem Leben mehr als einmal verletzt worden, daher ist ihr Herz oft verschlossen. Auch Ihr eigenes Herz ist durch zahlreiche Erfahrungen verletzt. Diese Erfahrungen schwächen unser Selbstbewusstsein und damit auch unsere Selbstachtung. Das Ego kreiert dann ein »Darin bin ich schlecht«. Wenn Sie ihr den Schmerz nehmen wollen, vermeiden Sie es, reparieren zu wollen, und geben Sie auch keinen falschen Beistand wie: »Du musst stärker werden«, »Hör auf damit, es bringt nichts«, »Es bleibt dir nichts anderes übrig – gewöhn dich dran« oder »Damit hast du anscheinend ein Problem oder Thema«.

Akzeptieren Sie sie so, wie sie ist, und holen Sie sie lieber dort ab, wo sie steht. Ihr Schmerz zeigt den Heilungsprozess der Verletzung, in dem sie gerade steckt. Unterstützen Sie sie durch Ihre Leichtigkeit und Ihre Präsenz. Überraschen Sie sie, bringen Sie sie in eine andere Umgebung oder schenken Sie ihr zarte Berührungen, eine Massage oder Ähnliches. Geben Sie ihr Feedback, hören Sie zu und halten Sie den Raum.

TIPP Fängt Ihre Herzdame an, von ihrem Ex zu erzählen, lassen Sie sie eine Weile gewähren. Nach einer gewissen Zeit sagen Sie ihr: »Hey. Ich mag dich. Lass uns über dich reden!« Das bringt sie aus dem Kopf ins Herz.

Vermitteln Sie Wertschätzung und Anerkennung

Zu einem perfekten Date gehören Komplimente. Wenn Sie das Herz einer Frau erobern wollen, funktioniert das nur, wenn Sie ihr etwas Positives über sie sagen. Manche Männer haben Scheu, Komplimente zu machen, doch sie sind das Salz in der Suppe. Komplimente haben Äußerlichkeiten zum Thema. Es geht um die Art der Frau, um das, was Sie sehen, wenn Sie sie anschauen. Wichtig ist natürlich, dass Sie es ehrlich meinen und positiv ausdrücken. Neben dem Inhalt Ihrer Worte gibt Ihre innere Haltung den Ausschlag. Schauen Sie der Frau in die Augen, halten Sie Blickkontakt, gehen Sie in Verbindung mit ihr. Ihre Mimik und Ihre Körpersprache sind positive Verstärker. Sie können ein Kompliment machen, das wirkt, als würde es aus einem Buch vorgelesen, oder aber hoch romantisch, sodass es die Frau zum Strahlen bringt.

Viele Männer befürchten, es werde der Frau zu viel oder sie habe dies alles bereits mehrfach gehört. Aber selbst wenn sie schon öfter gehört hat, dass sie »schöne blaue Augen« hat, möchte sie das immer wieder hören. Und aus dem Mund eines anderen Mannes ist es auch wieder eine neue Sache. Es gibt keine Begrenzung, ab der es zu viel wird. Frauen lieben Komplimente, auch wenn sie ab und zu einen kleinen Nachteil haben: Sie können die Frau verunsichern. Wenn Sie zu ihr sagen: »Deine Jacke ist schön!«, werden Sie vielleicht hören: »Ach, die ist ja schon ziemlich alt.« Wenn Sie zu ihr sagen: »Deine Frisur steht dir gut!«, könnte sie erwidern: »Heute sind meine Haare ziemlich widerspenstig.«

TIPP Ein Kompliment ist umso schöner, je mehr es sich auf sie als Frau, auf ihre Weiblichkeit bezieht.

Sicher freut sich Ihr Gegenüber, wenn Sie ihr sagen: »Du hast eine schöne Uhr« – besonders dann, wenn sie neu ist. Mit Bemerkungen wie »Ich merke, du kannst toll formulieren« oder »Mit dir kann man sich prima unterhalten« können Sie zwar punkten, aber nicht hinsichtlich Ihrer Attraktivität als Mann. Wenn Sie hingegen bemerken: »Du hast eine unglaublich weibliche Ausstrahlung!«, hört sie das auf der Herzensebene sicher lieber. Es gibt also verschiedene Stufen von Komplimenten.

Komplimente sind der eine Schlüssel, Anerkennung ist der zweite. Der Schlüssel der Anerkennung bezieht sich auf etwas, was sie gesagt oder getan hat, was Ihnen positiv aufgefallen ist oder Sie berührt hat. Anerkennung zielt nicht wie ein Kompliment auf Äußerliches ab, sondern auf den Menschen, auf die Individualität. Sie drücken also möglichst zeitnah und präzise aus, was Sie wahrgenommen und was Sie dabei gefühlt haben. Dazu kombinieren Sie ein positives, detailliertes Feedback als Wertschätzung. Eine solche Anerkennung geht dann direkt ins Herz, wenn sie ehrlich gemeint ist und von Herzen kommt!

 Wenn Sie sprechen, spüren Sie in sich hinein. Lassen Sie Ihr Herz und nicht Ihren Kopf sprechen. Ihre Worte und Ihr Tonfall transportieren das.

»Jedes Mal, wenn du durch den Raum gehst, stockt mir der Atem und ich kann mich gar nicht mehr auf meine Sache konzentrieren. Deine Ausstrahlung ist faszinierend. Ich bin stolz, mit so einer attraktiven Frau wie dir zusammen zu sein.«

Eine solche Anerkennung geht weit über das Kompliment hinaus. Und das Schöne daran ist: Wenn Sie sie auf diese Weise zum Leuchten bringen, wird sie sich Ihnen gegenüber öffnen. Sie wird auch Ihnen eine Anerkennung aussprechen und sich Ihnen emotional zuwenden. Sie können sicher sein: Wenn Ihre Anerkennung keine Eintagsfliege ist und Sie ihr mehrmals eine ehrliche und positive Anerkennung geben, die von Herzen kommt, werden Sie sehr schnell einen positiven Effekt feststellen.

Statt zu sagen: »Danke für alles, was du für mich tust«, formulieren Sie es lieber detailliert: »Ich finde es toll, wie du für mich sorgst. Du kochst für mich, kümmerst dich um die Wäsche, damit ich morgens frische Sachen fürs Büro habe. Wenn ich abends heimkomme, begrüßt du mich freudig und lässt alles stehen und liegen, um dich mit mir über meinen Tag zu unterhalten. Das tut mir gut und ich freue mich jeden Abend aufs Neue darauf. Danke, dass du so für mich da bist!«

Als Reiner abends geschafft aus dem Büro kommt, begrüßt ihn Marion nur kurz. Sie pflanzt gerade Blumen im Garten. Reiner lässt sich auf einen Stuhl auf der Terrasse fallen, wischt sich über Stirn und Augen und seufzt. Marion merkt, wie geschafft er ist, und legt ihre Gartengeräte zur Seite. Sie stellt sich hinter ihn, massiert ihm den Nacken und meint: »Du siehst aus, als hättest du heute einen anstrengenden Tag gehabt. Willst du ein wenig darüber erzählen?« Da schnauft Reiner tief durch und sprudelt los. Ein unangenehmer Kunde hat ihm heute hart zugesetzt. Marion hört aufmerksam zu, fragt nach – und bewertet nicht. Schließlich steht Reiner auf, dreht sich zu Marion um, nimmt sie in den Arm und schaut ihr tief in die Augen: »Danke, das hat gutgetan. Schön, dass du gleich gemerkt hast, dass mir etwas zu schaffen macht. Danke, dass es dich interessiert hat. Ich bin froh, eine so gute Zuhörerin zu haben. Durch deine Fragen ist mir klar geworden, wie ich darauf reagieren kann und was ich morgen zu tun habe. Und diese Massage war das Sahnehäubchen. Mir geht es schon deutlich besser.«

Lars ist das erste Mal bei Gudrun zu Gast. Er beobachtet, wie sie mit ihren Kindern einen Streit um ein Spielzeug klärt. »Mir gefällt, wie du mit deinen Kindern umgehst. Ich bewundere dich, wie ruhig du geblieben bist. Du warst sehr souverän und ich merke, du nimmst sie ernst. Sie lernen viel von dir fürs Leben.«

Heiko freut sich, denn Anja hat ihren Freundinnen von seinen Kochkünsten vorgeschwärmt: »Stellt euch vor, er hat extra mein Lieblingsrezept gekocht, den Tisch wunderschön dekoriert und ein paar Kerzen angezündet.« »Schatz«, sagt er später zu ihr, »das hat mir sehr gutgetan, dass du deinen Freundinnen so begeistert von meinen Kochkünsten erzählt hast. Mir wurde ganz warm ums Herz. Du gibst mir die Freude doppelt zurück!«

Anika und Walter gehen zum Tanzen aus. Anika macht sich schick und steckt sich die Haare hoch. Als Walter sie abholt, ist er begeistert: »Hey, du hast deine Haare hochgesteckt. Das finde ich lieb, du weißt ja, dass mir das an dir so gut gefällt. Ich werde dich jetzt den ganzen Abend ansehen und bewundern.«

Anfangs wird es sich für Sie seltsam anfühlen, eine Anerkennung auszusprechen, weil Sie es vielleicht nicht gewohnt sind. Wenn Sie sich jedoch darin üben, werden Sie selbst offener im Herzen, und nach und nach geht es Ihnen in Fleisch und Blut über. Bald werden Sie gar nicht mehr darüber nachdenken, sondern es automatisch häufiger tun. Und Sie werden mehr Erfolg bei den Frauen – und in Ihrem Umfeld – haben. Eine positive Aufwärtsspirale also, für die sich der Aufwand, es auszuprobieren, mehr als lohnt.

Auch bei der Anerkennung gibt es unterschiedliche Stufen. In meinen Seminaren üben wir, Komplimente und Anerkennungen auf allen Ebenen zu geben. Es sind nicht nur die Aussage und Ihre Wortwahl, sondern auch Ihr Tonfall und Ihre Haltung und Gestik, Ihr Timing, welche die Art der Verbindung zu ihr und die Qualität Ihrer Anerkennung bestimmen. All das können Sie lernen. Es wird einen Unterschied in Ihrem Leben ausmachen!

TIPP Eine ehrliche Anerkennung zeigt der Frau, was genau Ihnen an ihr gefällt – sie fühlt sich wirklich wahrgenommen und wird Ihnen gerne mehr davon geben. Seien Sie sich dieser Wirkung bewusst und manipulieren Sie sie nicht. Wenn Sie verantwortungsbewusst damit umgehen, steigert es das gute Gefühl, das Sie ihr geben, und auch Ihre Attraktivität.

DAS TOR ZU IHRER LIBIDO

Ihr Herz ist jetzt offen für Sie, sie fühlt Zuneigung und Sie sind einander zugetan. Sie haben also schon zwei Ebenen des Eisbergs abgeschmolzen. Fehlt noch die dritte Ebene, die Sinnlichkeit. Wenn Sie diesen Bereich nicht erschließen können, bleiben Sie wieder nur der gute Freund – mehr nicht. Jetzt geht es also darum, noch eine Stufe weiterzugehen und das Wohlgefühl im Bauch zu wecken. Wir sind jetzt auf der Ebene der Libido, des Prickelns und der Anziehung. Auf dieser Ebene geht es um die Werkzeuge Nachgeben, Spielen und Lachen.

Das beginnt schon im Gespräch und in der Interaktion. Ihr Ziel ist es, miteinander Spaß zu haben, sich zu necken, die Leichtigkeit zu entdecken. Geben Sie ihr das Gefühl »Ich bin etwas Besonderes«. Dazu gehört auch, ihr Respekt zu zollen und Missverständnisse sofort zu klären.

Die Frau sollte von Ihnen überwältigt sein: Heben Sie sich aus der Masse hervor, indem Sie sie mit Ihrer Kreativität, Ihrer Verspieltheit, Ihrer Großzügigkeit, Ihrem Humor und Ihrer Fantasie überraschen. Tun Sie etwas, womit sie nicht rechnet, etwas, das sie aus dem grauen Alltag herausholt. Stecken Sie ihr eine Blüte ins Haar, wirbeln Sie sie herum, knien Sie vor ihr nieder und singen eine Arie für sie, tanzen Sie mit ihr im Springbrunnen.

Arnold fährt Svenja nach dem gelungenen Date nach Hause. Er hat schöne Musik angemacht. »Mmmh, ich könnte ewig so weiterfahren«, schwärmt Svenja. Da fährt Arnold weiter – an der Ausfahrt vorbei, bis zum Ende der Autobahn und wieder zurück. Beide schweigen verträumt.

Nachgeben als respektvolle Kraft

Für Ihren Erfolg bei Frauen braucht es auch Ihre Fähigkeit, mit angenehmem Druck und Nachgeben spielen zu können. Es ist vergleichbar mit einer Massage: Wenn Sie immer nur locker über die Haut streichen, fühlt sich das ebenso wenig gut an, wie wenn Sie immer fest zupacken. Es kommt auf die richtige Dosierung und die Variation an. Die goldene Mitte ist freilich für jeden Menschen eine andere. Mal berühren Sie sie beispielsweise sanft, ein anderes Mal rangeln Sie mit ihr. Mal bestimmen Sie die Abendgestaltung, mal lassen Sie sich von ihr überraschen. Rufen Sie sie nicht täglich an, sondern lassen Sie sie auch mal ein wenig köcheln, das steigert Ihre Attraktivität. Finden Sie also heraus, wie viel Druck und Nachgeben für Ihre Auserwählte angenehm ist – und variieren Sie es.

Ganz allgemein gilt: Sie dürfen sie ruhig sanft bedrängen. Und signalisieren Sie ihr: »Du kannst jederzeit auch wieder einen Schritt zurückgehen.« Das schafft Vertrauen. Geben Sie ihr das Gefühl, dass sie jederzeit Tempo herausnehmen und aus der Sache aussteigen kann. Wenn Sie sie also zum Beispiel zum Essen einladen, machen Sie ihr klar, dass Sie dafür keine Gegenleistung erwarten. Es ist die respektvolle Nachgiebigkeit, die Ihnen das Tor zur Sinnlichkeit, zur Libido, öffnet.

TIPP Die Stimme macht die Musik: Durch den Tonfall und die Lautstärke lenken Sie die Reaktion. Wollen Sie sie drohend ängstigen, ernten Sie Aggression. Wollen Sie sie sanft beruhigen, ernten Sie Respekt und finden sich in kraftvoller Position wieder.

Wer nachgibt, führt. Das klingt irritierend, aber so ist es. In meinen Seminaren erlebe ich immer wieder erstaunte Gesichter, wenn wir die Übungen dazu gemacht haben. Das ist ein Aha-Effekt, der Wirkung zeigt und unglaublich wichtig ist im Miteinander. Wenn Sie nicht fähig sind nachzugeben, werden Sie Ihr Ziel nicht erreichen und sich kräftezehrend mit Ihrer Partnerin auf der Stelle bewegen. Bewegung ist tatsächlich das Zauberwort: Erstarren Sie nicht, sondern tanzen Sie. Tanzen Sie mal vorwärts und mal rückwärts. Geben und Nehmen. Finden Sie den richtigen Rhythmus, wie beim Sex.

Und tatsächlich: Nachgeben bereitet den Weg zur Libido. Es hat beides mit Kraft und Kontrolle zu tun.

Sexualität ist ein kraftvolles Spiel. Dabei geht es zunächst darum, diese Kraft zu kontrollieren. Erst dann können Sie sie gezielt und entspannend einsetzen. Auf der Ebene des Nachgebens erkennen Sie, ob Sie beide zusammenpassen.

Wollen Sie das sexuelle Interesse einer Frau testen, versuchen Sie erst einmal Körperkontakt herzustellen. Dabei überschreiten Sie bewusst für einen kurzen Moment die »körperliche Grenze« – um sofort wieder einen Schritt zurückzugehen. Das erhöht die Spannung und versetzt Sie durch ihre Reaktion in die Lage, die Situation einschätzen zu können.

Als Pferdeflüsterer steht Robert Redford einmal beobachtend am Zaun, dann wieder geht er entschieden und ohne Ängstlichkeit auf das Pferd zu, um dann einfühlsam wieder einen Schritt zurückzutreten. So gewinnt er das Vertrauen des Tieres und macht es neugierig.

In der Kommunikation erreichen Sie mehr, wenn Sie nicht starr auf Ihrer Sichtweise beharren. Probieren Sie einmal bewusst, auf Basis einer freiwilligen, starken Wahl, die Position der Frau aus. Wenn Sie nur dominant und rechthaberisch sind, enthalten Sie sich selbst die Hälfte des Vergnügens vor. Sind Sie es zu wenig, sind Sie für die Frau weniger attraktiv. Es geht also um die goldene Mitte und das Spiel zwischen den beiden Extrempositionen. Wenn beide damit einverstanden sind und sich damit wohlfühlen, können Sie in der Partnerschaft die dominante Rolle der Frau überlassen. Dann ist das absolut in Ordnung – aber nur dann. Umso flexibler beide sind, umso eher sie ihre eigenen Bedürfnisse kennen und äußern, desto mehr Freude haben beide an der Beziehung.

Julian und Michaela sind zu Freunden auf ein Fest eingeladen. Schon zu Hause meint Julian: »Schatz, ich fahre hin, du zurück. Du trinkst ja sowieso nichts.« Michaela ist davon nicht begeistert. »Ach, ich fände es schön, wenn wir das heute umgekehrt machen. Mir ist heute Abend nach einem Wein.« »Okay«, schmunzelt Julian, »wenn das so ist – dann fahre ich nach Hause. Ich freu mich ja auch, wenn du den Abend so richtig genießen kannst.«

Robert sitzt vor dem TV-Gerät. Er hat die Fernbedienung in der Hand und schaut sich die Übertragung der letzten 20

Minuten eines Bundesligaspiels an. Sabina setzt sich zu ihm und bittet ihn, auf ein anderes Programm umzuschalten, da dort gerade ein romantischer Liebesfilm mit ihrem Lieblingsschauspieler beginnt. »Schatz, ich würde gerne den Liebesfilm anschauen, schaltest du bitte um?« Robert überlegt kurz und gibt nach: »Okay, mach ich gerne. Ich schaue mir dann die Kurzzusammenfassung aller Spiele im Spätprogramm an.« Sabina freut sich, weiß sie doch, wie wichtig ihm die Fußballberichterstattung ist. Als Robert später Fußball anschaut, massiert sie ihm dabei den Rücken.

Mit der Wahrnehmung navigieren

Um die Ebene der Libido zu erreichen, müssen Herz und Verstand der Frau auf die Frage »Kann ich dir trauen?« mit einem entschiedenen Ja antworten. Seien Sie ehrlich, besonders jetzt. Sie muss sich absolut sicher fühlen. Jede Unstimmigkeit, und sei sie noch so klein, zwischen Ihrem Wesen, Ihrem Tun und Ihren Äußerungen spürt sie. Sie haben es quasi mit einem scheuen Reh zu tun. Bei der kleinsten Dissonanz zieht sie sich verunsichert zurück. Also passen Sie auf, seien Sie behutsam und absolut ehrlich und echt!

TIPP Wenn Sie nur auf Sex aus sind, werden Sie Ihre Chancen, in ihrem Bett zu landen, nur verringern. Seien Sie neugierig auf sie als Person. Geben Sie ihr Anerkennung und bringen Sie sie mit Leichtigkeit und sensiblem Humor zum Lachen. Und dann berühren Sie sie!

Die gleiche spielerische Haltung, die Balance zwischen Nachgeben und Vorpreschen, ist natürlich auch im Bett gefragt. Wenn Sie in die Ruhmeshalle der Frau aufgenommen werden wollen, geht es nicht darum, der große Athlet im Bett zu sein. Es geht nicht um körperliche Höchstleistung. Für die Frau ist wichtig, dass sie sich spürt und Entzücken empfindet. Also spulen Sie kein Schema ab, sondern richten Sie Ihre Aufmerksamkeit auf ihre Reaktionen. Wo wird sie lebendig, wann wird sie ekstatischer?

Seien Sie das Abenteuer, auf das diese Frau ihr Leben lang gewartet hat. Die Libido ist wie ein wildes Pferd, die Frau möchte außer Kontrolle geraten – in einem von Ihnen geschützten Rahmen. Um ihr dieses Vertrauen zu ermöglichen, müssen Sie die Schichten durchdringen. Legen Sie Ihren Stolz zur Seite und lassen Sie die Energie fließen. So erwecken Sie die Sexualität der Frau. Das lernen Sie nicht, indem Sie ein Buch lesen. Wichtig ist, Ihre Wahrnehmung zu trainieren. Damit Sie spüren, wo sie reagiert, worauf sie eingeht, was ihr gefällt. Das gilt in allen Lebensbereichen und insbesondere beim Sex.

Sie werden das Verlangen und die Leidenschaft der Frau sehen und spüren. Ihre Atmung, ihre Laute und ihre Bewegungen verändern sich. Achten Sie mit all Ihren Sinnen darauf. Auch die Rezeptoren in Ihrer Nase werden es Ihnen melden. Sie können mehr als nur riechen, sie nehmen auch Hormone und die Sexualduftstoffe wahr.

Sie sehen, die Libido der Frau erreichen Sie nicht als Macho. Unschuldig und spielerisch sollten Sie sein. Sie entfachen die Leidenschaft jeder Frau, wenn Sie nicht auf Ihre eigenen Wünsche achten, sondern auf ihre. Also behalten Sie die Frau im Fokus. Damit sie einen tollen Abend, ein schönes Erlebnis hat – mit und ohne Sex. Lassen Sie sie sich fernab von jeglicher Routine als etwas Besonderes fühlen. Dann wird sie ihre Hemmungen verlieren und die Zurückhaltung aufgeben. Behandeln Sie jede Frau individuell, lassen Sie sich auf sie ein. Seien Sie neugierig. Das gibt ihr Sicherheit und sie kann sich so zeigen, wie sie ist – sie kann sich fallen und gehen lassen.

Die Frauen in meinen Seminaren beklagen sich tatsächlich am meisten darüber, dass viele Männer schlechte Liebhaber sind. Und die Männer wissen meistens nichts davon. Sie denken vielleicht, sie seien der »tolle Hecht«, schließlich war ja mal eine ganz begeistert! Also muss es diese Frau doch auch sein. Aber Vorsicht: Es gibt kein Schema F. Der pure Sex an sich ist für Frauen oft sekundär. Verbannen Sie alle Vergleiche, Messungen und was sonst noch auftaucht, aus Ihrem Kopf. Es geht nicht darum, wie groß »er« ist, wie lange das Vorspiel dauert, wann und ob sie gekommen ist usw. Das ist kein Sport und kein Wettbewerb. Wichtig ist, die Sinnlichkeit der Frau zu entflammen. Also hören Sie mit all Ihren Sinnen ganz individuell dieser einen Frau zu und gehen Sie auf sie ein!

Spielerische Leichtigkeit in allen Lebenslagen

Eine Frau sehnt sich danach, sich frei zu geben. Es kommt auf das Timing an. Wenn die Energie fließt, dann fließen Sie mit. Wenn die Energie aber zum Stillstand kommt, halten auch Sie inne. Sie sind ohne Zwang und Hetze, also drängeln Sie nicht und genießen Sie es.

Es geht um Schwingungen. Energetische Zusammenhänge zu verstehen oder entsprechende Übungen zu praktizieren, hilft Ihnen. Manche Menschen geben Ihnen die Hand und es ist einfach nur ein Händedruck. Manche legen Ihnen die Hand auf die Schulter und es ist Ihnen eher unangenehm. Und dann gibt es Menschen, deren Hände vermitteln Wärme, Vertrauen und das Gefühl »Oh, schön, davon möchte ich mehr haben«. Diese energetische Berührung kann man lernen. Wenn Sie wissen, wie Sie eine Berührung qualitativ schöner machen können, profitiert die Frau davon. Ihre Schwingung, die Energie, die Sie übertragen, ändert sich. Es ist ein Unterschied, ob Sie die Frau tätscheln wie einen Hund oder ob Sie sie so sensibel berühren, dass sie nicht genug davon bekommen kann.

TIPP Sobald Gefühle wie Zuneigung und Liebe in ihr erwachen, kann sich auch Traurigkeit dazugesellen. Passiert so etwas, muss sie da alleine durch. Versuchen Sie nicht, ihr zu helfen. Wohl aber sollten Sie jetzt etwas von sich geben, das ihr Herz erwärmt und sie zum Leuchten bringt. Dann kann sie die Traurigkeit schnell überwinden. Bringen Sie sie also zum Lachen. Sie brauchen jetzt Licht, Spaß und Spiel – und Berührung, um jetzt zur Libido zu gelangen und ihr Verlangen zu entfachen.

Sie werden keine Frau erobern, indem Sie sie kontrollieren oder rüde mit ihr sprechen oder ihr ihre Fehler vorhalten. Das funktioniert nicht, sondern kommt wie ein Bumerang auf Sie zurück. Es geht nicht um Kampf, sondern um Wahrnehmung. So wie der Hundeflüsterer Cesar Millan das Herz der Vierbeiner erobert, indem er sich einfach zu ihnen setzt und abwartet, bis der Hund auf ihn zukommt, genauso wecken Sie das Interesse der Frau: Auch Sie kämpfen nicht, sondern nehmen wahr und spielen. Gemeint sind keine bösen Spielchen, sondern Leichtigkeit und spielerisches Necken. Im Seminar üben wir deshalb, alle Gefühlslagen spielerisch auszuagieren, um in allen Lebenslagen humorvoll, leicht und wohlwollend zu sein. Wut, Traurigkeit, Humor und Liebe, all das können Sie mit Verspieltheit und Leichtigkeit ausdrücken – sofern Sie es gelernt haben. Dann können Sie diese Kraft nehmen, sie positiv umlenken und lernen, bei Traurigkeit Nähe zu schaffen.

Ihre Freude gewinnen Sie aus dem aktuellen Moment. Sie lassen sich überraschen und sind in liebevoller Verbindung mit Ihrem Umfeld, geben Anerkennung und Wertschätzung. Damit sind Sie nicht nur in der Lage, in allen Situationen spielerisch mit Ihrem Gegenüber umzugehen, Sie können mit den Emotionen dramatisch, heftig und auch spielerisch und leicht agieren. So vermeiden Sie, dass Sie mit Ihrem Gegenüber in Streit geraten, sondern erreichen Annäherung.

Sören hat Milena zu sich nach Hause eingeladen. Sie sitzen schon eine ganze Weile auf dem Sofa und unterhalten sich. Es knistert gewaltig zwischen beiden. Sören hat nun mehrere Möglichkeiten, die Situation spielerisch zu lösen:

Wut: Er hebt Milena hoch und wirft sie schwungvoll aufs Bett: »So, meine Liebe, jetzt reicht es mit dem Reden.«

Trauer: Sören bricht übertrieben theatralisch in Tränen aus: »Wenn ich heute nicht bei dir landen kann, schaue ich nie wieder eine Frau an.«

Humor: Er neckt Milena und meint strahlend: »Neben dir zu sitzen, ist mir eine solche Freude – lass uns bis zum Morgengrauen hier festkleben. Wer will heute schon ins Bett.«

Liebe: Sören nimmt Milenas Gesicht behutsam in seine Hände, seufzt tief und schaut ihr lange und intensiv in die Augen.

TIPP Um die Leichtigkeit in Ihre Kommunikation zu holen, schauen Sie sich lustige und kreative Filme an. Beobachten Sie dabei, wie Komödianten ihren Humor erzeugen und Schauspieler bestimmte Situationen und Emotionen zu ihren Gunsten ändern können.

SO GELINGT DIE KONTAKTAUFNAHME

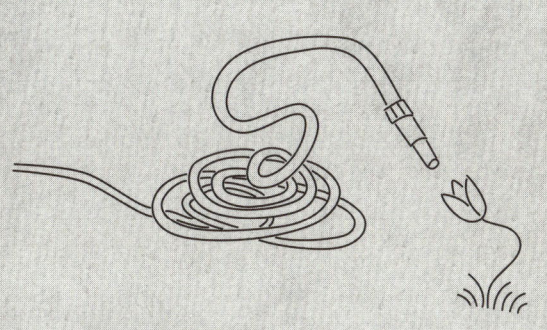

Zuallererst stehen Sie vor der Herausforderung, überhaupt eine Frau kennenzulernen. Welcher Mann kennt das nicht: Er trifft in der Bar, im Supermarkt, am Parkplatz – wo auch immer – auf eine Frau. Sie gefällt ihm. Und während er so überlegt, wie er sie ansprechen kann, und während er die eine oder andere Variante wieder verwirft, ist die Frau schon weg. Chance vertan. Es ist also wichtig, dass Sie Ihre Scheu überwinden – denn Sie können nur gewinnen. Sicher, es kann sein, dass Sie einen Korb bekommen. Oder eben auch ein freundliches Lächeln. Achten Sie auf ihre Signale – auch heute noch wählt die Frau den Mann aus, nicht umgekehrt. Auch wenn Sie denken, dass Sie den ersten Schritt gemacht haben: Oft hat sie Sie durch einen Blick, eine Bewegung oder eine kurze Berührung unmerklich dazu aufgefordert.

Gunter war auf einer Gartenparty bei Bekannten eingeladen. Am Buffet waren auch die Getränke aufgereiht. Er wollte sich eben ein Bier nehmen, als Beatrice sich zu ihm gesellte. Sie nahm sich eine Flasche Prosecco und schenkte ihm aus den Augenwinkeln einen kurzen Blick. Gunter nahm den Spielball auf und fragte schmunzelnd: »Den wollen Sie aber nicht ganz allein trinken? Darf ich Ihnen dabei helfen?« »Ja, gerne, wenn Sie noch zwei Gläser auftreiben …«

EHRLICHKEIT UND ECHTHEIT

Sie fragen sich sicher: »Wie soll ich sie ansprechen?« Nun, es gibt schon einiges zu beachten, bevor Sie überhaupt den Mund aufmachen:

- Gehen Sie nicht frontal auf sie zu, sondern etwas seitlich.
- Bleiben Sie seitlich von ihr stehen, so hat sie den Weg nach vorne frei und fühlt sich nicht eingeengt.
- Stürmen Sie nicht einfach drauflos. Machen Sie es gelassen, aber zügig.
- Halten Sie ihrem Blick stand, darin sieht sie Ihre Stärke.
- Schauen Sie ihr in die Augen. Sollte Ihr Blick doch auf ihren Busen wandern und sie ertappt Sie dabei, dann stehen Sie dazu – es ist ihre Attraktivität, der Sie erlegen sind!

Abgedroschene Aufreißersprüche funktionieren nicht. Das haben Sie sicher schon am eigenen Leib erfahren. Vergessen Sie sie. Sie machen die Frau klein und das vermittelt ihr kein Vertrauen und keinen Respekt. Machen Sie sich frei von auswendig gelernten, vorgefertigten Formulierungen. Sie wirken damit nur unnatürlich und steif. Wenn Sie stattdessen aus Ihrem Herzen sprechen und so, wie Ihnen der Schnabel gewachsen ist, kommen Sie sehr viel eher zum Erfolg. Widerstehen Sie der Versuchung, die Frau vollzutexten. Lassen Sie sie vielmehr gleich wissen, dass Sie nur kurz mit ihr sprechen wollen. Erzählen Sie auch etwas von sich und vermeiden Sie es, sie durch einen ganzen Reigen an Fragen in ein »Verhör« zu verwickeln.

Um mit der Frau ins Gespräch zu kommen, ist es gut, wenn Sie die Regeln des Small Talks beherrschen. Damit können Sie insbesondere auf Veranstaltungen oder bei Kontakten in Gruppen gut starten. Gemeint sind leichte Gespräche über im Grunde banale Themen, zu denen jeder etwas beitragen kann. Ein lockerer, positiver Austausch also. Für dieses leichte Plaudern gilt als Regel Nummer eins: Lächeln! Wichtig ist auch eine offene Körperhaltung. Sie signalisiert Ihr Interesse und Ihre Entspanntheit. Ergreifen Sie ruhig die Initiative und beginnen Sie das Gespräch. Gerade stillere Wasser sind Ihnen sehr dankbar dafür. Wenn Sie offene Fragen stellen, laufen Sie weniger Gefahr, gleich in einer Sackgasse zu landen. Oder Sie kombinieren eine Ja/Nein-Frage mit einer sofort nachgeschobenen Detailfrage zum Thema. Dann muss Ihr Gegenüber nach der schnellen Antwort auf die erste Frage bei der zweiten schon weiter ausholen. Perfekt, wenn Sie durch Ihre Fragen Gemeinsamkeiten entdecken können. Darauf basierend können Sie wunderbar einen ausführlichen Gedankenaustausch einleiten:

- Kennen Sie den Gastgeber? Sind Sie das erste Mal hier? Für mich ist es bereits das dritte Mal – ich liebe Grits Partys.
- Wie trinkst du deine Schorle gerne? Welche Mischung bevorzugst du?
- Welcher Tee-Typ bist du?
- Da haben wir ja mit dem Wetter richtig Pech. Tja, dann werde ich das im Urlaub wieder reinholen müssen. Wo machst du denn gerne Urlaub?
- Ich gehe gerne ins Kino. Wann warst du das letzte Mal im Kino? Welchen Film hast du angeschaut? Was hat dir besonders daran gefallen?
- Oh, das Lied hat ja schon einige Jahre auf dem Buckel, das erinnert mich an meine Jugend. Verbindest du auch etwas damit?
- Warst du gerade am Buffet? Gibt es noch Garnelenspieße?

Generell lässt sich sagen, dass Sie für diese Art von Unterhaltung schwere Kost wie Politik, Krankheit, Religion, Geld, Probleme, Klatsch oder Kritik tunlichst vermeiden sollten. Besser geeignet sind leichte Themen, zum Beispiel der Wohnort, die Heimat, Beruf, Hobbys, Sport, Urlaub, Wetter, die aktuelle Situation der Begegnung usw. Garnieren Sie das Ganze mit Lob und Komplimenten, hören Sie gut zu und stellen Sie interessierte, tiefer gehende Fragen. Wenn Sie jetzt noch ab und zu den Namen Ihres Gegenübers mit einfließen lassen, sind Sie auf der Gewinnerseite.

Wenn Ihnen diese Art von Gespräch schwerfällt, seien Sie beruhigt: Small Talk können Sie gut lernen. Sie können damit sicher keinen ganzen Abend bestreiten. Zudem würde es die Frau auf Dauer auch langweilen. Diese seichten Themen dienen Ihnen nur als Einstieg. Nach dieser Aufwärmrunde will die Frau jedoch Ihre Tiefe spüren und auch merken, ob Sie echtes Interesse haben. Also signalisieren Sie es ihr über das Werkzeug der Neugierde. Natürlich können Sie auf diese Weise die Frau auch ohne Vorgeplänkel direkt ansprechen, wenn Ihnen das liegt:

– »Mir ist aufgefallen, dass du ein tolles Seidentuch trägst. Die Farbe passt perfekt zu deinen blauen Augen.«
– »Du hast wirklich schöne Schuhe. Du bist jetzt aber keine von den Schuhfetischistinnen?!«
– »Du kommst bestimmt von hier! Wo gibt es hier eigentlich … das beste Schnitzel, den leckersten Kuchen, den besten Kaffee, Glühwein …?«
– »Respekt, ich habe mich schon immer gefragt, wie man auf Rollerblades fahren kann und nicht dabei umfällt. Du bist ein Profi!«
– »Ganz kurz, ich mache das normalerweise nicht, aber ich habe dich gerade gesehen, finde dich sympathisch und möchte dich kennenlernen. Hallo, ich bin Peter.«

Um relaxed zu werden, können Sie das Ansprechen von Frauen üben – am besten, indem Sie Frauen auf der Straße oder beim Einkaufen usw. ansprechen. Dort haben Sie nur kurz Kontakt und Sie haben den Überraschungseffekt auf Ihrer Seite, denn nur wenige Frauen werden in einer angenehmen Art auf der Straße angesprochen.

Eine echte Begegnung können Sie nur mit etwas Besonderem schaffen. Die Neugier bringt die Annäherung! Wenn Sie zwischen Angst und Fluchtinstinkt agieren, wird das nichts. Sie geraten nur unbewusst in einen verbalen Kampf mit der Frau. Den wilden Bullen, der auf Sie zurennt, bändigen Sie auch nicht durch Angriff oder Flucht. Reden Sie sanft und machen Sie Ihr Gegenüber neugierig auf Sie! Erzählen Sie ihr Geschichten, erzählen Sie ihr von Ihren Träumen.

Auf die Frage nach Ihrem Beruf können Sie entweder farblos antworten (»Ich bin im IT-Bereich tätig«) oder ihr begeistert von Ihrem Hightech-Projekt in der Halbleiterforschung berichten. Wenn Sie denken, dass es sie unweigerlich langweilt, werden Sie bereits langweilig rüberkommen. Gehen Sie davon aus, dass sie wissen möchte, was Sie tun, und beobachten Sie, ob sie sich wirklich interessiert. So können Sie sie im Gespräch nicht verlieren.

Gehen Sie immer mit offenem Herzen auf die Frau zu! Seien Sie neugierig, haben Sie keine vorgefasste Meinung oder Erwartung. Haben Sie kein Ziel vor Augen, agieren Sie ohne den Anspruch, etwas erreichen zu wollen. Dann werden Sie ihr Herz berühren und so auf einer höheren Ebene mit ihr kommunizieren. Sie werden Schwingungen austauschen und sie zwischen sich spüren. Gehen Sie also auf sie zu und fragen Sie sich: »Wie kann ich ihr den Tag versüßen? Wie kann ich sie zum Leuchten bringen?« Es geht in dem Falle nicht um das, was für Sie dabei herausspringt. Es geht ums Geben, nicht ums Nehmen! Sie sind da, um ihr etwas zu geben, um ihr Freude zu bereiten, um sie zu beschützen usw. Das schafft Verbindung. Wenn Sie nur auf Ihren Vorteil achten, bleiben Sie auf der Ebene des Ego hängen und erreichen ihr Herz nicht. So sind Sie bestenfalls der ewige Kumpel.

TIPP Zeigen Sie von Anfang an Ihr wahres Gesicht. Schließlich verliebt sie sich in das, was Sie ihr zeigen! Kommt sie aber später dahinter, dass alles nur Fassade war, wird es bitter für Sie. Sie wird nur noch Ihre negativen Seiten sehen und der Kampf wird kein Ende finden. Bleiben Sie also bei der Wahrheit. Wiederholen Sie sie auf verschiedene Art und Weise. Leben Sie sie, zeigen Sie sie. Seien Sie echt und authentisch. Es geht nicht darum, sich als Superheld darzustellen, sondern die entspannteste Version seiner selbst zu sein.

Markus war in einer Kunstgalerie. Als er neben einer attraktiven Frau vor einem der Gemälde stand, fragte er sie: »Wie finden Sie dieses Bild hier?« Sie antwortete: »Ich finde es wunderschön!« »Ich mag Kunst gar nicht«, bekannte Markus. »Warum sind Sie denn dann hier?«, erntete er Erstaunen. »Weil die Atmosphäre hier so toll ist und man in einer Kunstgalerie interessante Frauen – so wie Sie – trifft! Ich bin auf der Suche nach einer Verabredung«, gab er ehrlich zu. Sie ahnen es schon – ja, sie gingen zusammen aus der Galerie nahtlos ins Café!

Sylvia steht schon geraume Zeit an der Bar und versucht die Aufmerksamkeit des Kellners zu erhaschen. Dieser rauscht zum wiederholten Mal an ihr vorbei. Christian beobachtet das. Er geht auf Sylvia zu und meint: »Grüß dich, du siehst durstig aus. Dieser Stoffel hat anscheinend keine Augen für Frauen. Was möchtest du denn trinken? Ich hole es dir – mal sehen, ob er Männer auch wie Luft behandelt.« Sylvia lacht und entgegnet: »Na, dann viel Glück – und danke! Ich hätte gerne eine große Weißweinschorle. Und du, trinkst du nichts?«

Susi steht verunsichert im Getränkemarkt vor der Bierauswahl. Ralf kommt ihr zu Hilfe: »Hallo, bei dieser Auswahl ist es gar nicht so leicht, das Richtige zu finden.« »Ja, das stimmt allerdings«, erwidert Susi, »ich trinke selbst keines, das macht es nicht leichter.« »Oh«, hakt Ralf ein, »da haben Sie jetzt Glück – ich schon. Also, da kann ich Ihnen helfen.« »Prima! Dann empfehlen Sie mir doch bitte ein alkoholfreies Pils, ich habe Gäste, die mit dem Auto unterwegs sind.« Ralf deutet auf eines der Biere: »Nehmen Sie das hier, das wird Ihrem Besuch schmecken. Und was trinken Sie denn?« Es entspinnt sich ein längeres Gespräch …

Auch wenn Filme und Bücher Ihnen permanent vorgaukeln, dass Sie am Anfang nur Ihre guten Seiten zeigen dürfen, widerstehen Sie dieser Versuchung! Reden Sie ihr nicht nach dem Mund, sondern bleiben Sie bei Ihrer Wahrheit! Schließlich wollen Sie ein realistisches Bild Ihrer selbst erzeugen. Sie soll sich in *Sie* verlieben, nicht in das Idealbild, das sie im Kopf hat.

Wenn Sie eine Partnerin finden wollen, die wirklich zu Ihnen passt, dann nehmen Sie die Naturgesetze zu Hilfe. Auch zum Thema Geruch und Geschmack gibt es einen wissenschaftlichen Hintergrund. Die wahre Attraktivität basiert auf biologischen Kriterien: Um gesunde, starke Kinder zu zeugen, gilt es, die eigenen Gene mit neuen, anderen zu vereinen. Aus dem Instinkt heraus würde die Frau sich also für den Mann entscheiden, der bewusst anders riecht und schmeckt als sie selbst. Eine perfekte Basis für eine dauerhafte Beziehung. Verfälschen Sie Ihren Geschmack am besten nicht durch Alkohol oder Zigaretten, das würde Ihnen spätestens beim ersten Kuss Minuspunkte einbringen. In puncto Parfüm und Aftershave gilt folglich die Regel »Weniger ist mehr«. Frauen lieben es, wenn Männer gut riechen – aber in Maßen. Riechen Sie zu intensiv, laufen Sie Gefahr, dass sie vor Ihrer übermäßigen Duftwolke Reißaus nimmt. Riechen Sie hingegen dezent und angenehm, kann es Ihnen durchaus passieren, dass eine Frau Ihnen nahekommt: »Mmmhh, Sie riechen gut – was ist das für ein Duft?«

TIPP Denken Sie zu Beginn daran, Ihren Geschmack und Geruch nicht zu verfälschen. Schließlich braucht es im Zweifelsfall das Zehnfache an Energie, eine Beziehung zu beenden, als Sie gebraucht haben, sie aufzubauen. Und das war auch schon eine Menge!

DER STATUS ZÄHLT

Für Frauen ist Status wichtig. Ihr Gegenüber sucht also oft den Mann, der ihr hier eine Verbesserung verschaffen kann. Gemeint sind dabei nicht unbedingt Geld oder die gängigen Statussymbole. Vielmehr geht es um Ihr positives Verhalten in der Gruppe, Ihre Leiterfunktion. Ein Indiz für Ihre Fähigkeit bei diesen Dingen ist in ihren Augen Ihre Kühnheit. Mut kommt und geht nach Tagesform. Kühnheit aber wartet nicht, sie ist instinktiv – und sie ist sexy. Sie kommt aus Ihrem Wesen. Dazu brauchen Sie Schnelligkeit im Reden und Handeln. Ohne Hektik und ohne Nachdenken, ohne Plan und ohne Zögern. Lassen Sie Ihre Kühnheit in Ihr Tun und Ihr Sprechen mit einfließen. Lassen Sie Ihre Stimme, Ihre Wortwahl und Ihren Tonfall Ihre Männlichkeit und auch die Emotionen transportieren. Starten Sie einfach, bevor Ihr innerer Schweinehund, Ihr Verstand, Sie zurückpfeift.

Gehen Sie auf sie zu und sagen Sie »Hallo«. Mehr als eine Abfuhr können Sie nicht bekommen. Wenn Sie es freundlich machen, ist Ihre Chance sehr hoch, dass sie denkt oder sogar sagt: »Bleib doch!« Wenn Sie nichts tun, ist Ihre Chance jedoch gleich null! Begegnen Sie Ihrer Angst mit Humor. Sehen Sie sie als Lampenfieber. Stellen Sie sich also wie ein Schauspieler auf die Bühne und spielen Sie. Ohne Lampenfieber sind Schauspieler und Redner bekanntlich nicht so gut. Nur wenn Sie sich Ihrer Angst stellen, hat sie keine Macht über Sie. Andernfalls wird sie Sie lähmen – und Sie stehen weiter allein da. Wenn Sie Ihre Scheu überwinden, können Sie daran wachsen und schließlich etwas verändern.

Als Nico das Lokal betritt, geht er direkt auf den Clubchef zu und begrüßt ihn freudig. Juliane beobachtet das und findet ihn sofort interessant. Doch auch Tom erregt ihre Aufmerksamkeit. Er kommt in Begleitung von zwei Frauen, mit denen er sich angeregt und freundschaftlich unterhält, in die Bar.

ÜBERLASSEN SIE NICHTS DEM ZUFALL

Stolpern Sie nicht blind und unvorbereitet in Ihr Date. Schließlich sollen Sie der Frau Sicherheit und Verlässlichkeit signalisieren. Je mehr sie von Ihrer Umsichtigkeit wahrnimmt, umso besser. Machen Sie sich also einen Plan, wie Sie die Frau erobern wollen, wie Sie ihre Neugierde wecken wollen. Es ist wie im Business: Legen Sie sich eine Strategie zurecht. Überlegen Sie sich, ob sie Ihren Treffpunkt gut erreichen kann, reservieren Sie den Tisch am Fenster mit der schönen Aussicht, seien Sie ein paar Minuten eher da. Das heißt nicht, dass Sie unnatürlich und verkrampft vorgehen sollen. Bleiben Sie sich selbst treu – und seien Sie vorbereitet. Haben Sie auch einen Plan B in der Tasche, wenn der erste Anlauf nicht gelingt. Greifen Sie ruhig zu unkonventionellen Methoden. Dann laufen Sie auch nicht Gefahr, einen ausgetrampelten Pfad zu betreten oder mit einem ausgelutschten Spruch daneben zu landen.

Monika und Gerd hatten ihr erstes Date. Gerd holte Monika mit seinem Auto ab. Darauf hatte er bestanden. Auf der Fahrt fiel Monika die Musik auf: »Hey, die Musik ist gut. Gefällt mir.« Gut, dachte sich Gerd. Er hatte am Vorabend lange Zeit damit verbracht, die richtige Musik für diese Fahrt auszusuchen.

Henry war mit Gabi verabredet. Schon zum zweiten Mal. Der Abend verlief wunderbar. Doch dann kam Henry ins Schleudern. Gabi signalisierte ihm deutlich ihr Interesse, noch mit zu ihm nach Hause zu kommen. Leider hatte Henry nicht aufgeräumt. Er schämte sich und schlug Gabis Vorschlag aus. Vor ihrem nächsten Treffen machte Henry Großputz, stellte eine gute Flasche Wein kalt und legte eine schöne CD in den CD-Spieler.

Im Museum vertiefte sich Simon in eine Skulptur. Er

stand lange davor und betrachtete sie versunken. Anne fiel auf, wie intensiv er die Figur ansah. Es dauerte nicht lange und sie wurde neugierig. Was war das für ein Mann, der derart in ein Kunstwerk eintauchen konnte? Sie sprach ihn an: »Sie ist wunderschön, nicht wahr?« Er sah Anne an, dann die Skulptur. »Ja«, erwiderte er schließlich mit einem Zögern, »ich finde keine Worte dafür.« Damit hatte Simon sie aufgefordert, die richtigen Worte dafür zu finden – und Annes Interesse an diesem feinfühligen Mann war geweckt. Es entspann sich ein reges Gespräch, das die beiden im Café fortsetzten.

DER WEG IST DAS ZIEL

Was auch immer Sie sagen oder tun, streben Sie danach, ihr und Ihnen selbst Freude zu bereiten. Tun Sie es, um miteinander Spaß zu haben. Wenn Sie ein Ziel vor Augen haben und an die Punkte denken, die Sie damit bei ihr sammeln, macht das die ganze Angelegenheit starr und spröde. Sie wirken unweigerlich verkrampft und die Frau hat ein ungutes Gefühl. Denn Frauen spüren, wenn Sie nur darauf aus sind, ein kurzes Date oder einen One-Night-Stand zu erhaschen.

Wenn Sie in den Augen einer Frau attraktiv sein wollen, dann amüsieren Sie sie. Oder besser noch: Amüsieren Sie sie und sich selbst. Wenn sie sich mit Ihnen gut fühlt, haben Sie Anziehungskraft auf sie. Frauen gehen da ganz nach ihrem Empfinden. Je besser es mit Ihnen ist, umso mehr will sie davon. Das muss Ihnen klar sein – also halten Sie Ausschau nach Gelegenheiten, wie Sie ihr ein gutes Gefühl vermitteln können.

Als Mark Sandra kennenlernte, überraschte er sie mitten

im Gespräch mit der Aussage: »Ich bevorzuge Seide.«
»Was?«, fragte Sandra verwirrt. »Ja, ich mag Seide. Wenn
du also irgendwann einmal anfängst, für mich Geschenke
zu kaufen, dann sollte es Seide sein. Ich bevorzuge Hem-
den aus Seide.« Sandra war verdutzt – und lachte herzlich.
Das Eis war gebrochen.

Thomas lud häufig Frauenbekanntschaften auf einen
Drink ein, aber er hatte dabei immer das Ziel vor Augen,
der Frau zu gefallen und Punkte zu sammeln. Es funktionierte nicht. Instinktiv fühlten die Damen, dass die Spen-
dierhosen mit einer konkreten Absicht verbunden waren.

DAS RICHTIGE FEDERKLEID

Von den Frauen in meinen Seminaren höre ich immer wieder: »Ich erkenne auf einen Blick, ob er zu mir passt.«

Sicher, Ihr größter Attraktivitätsfaktor ist Ihr innerer
Zustand, Ihre Selbstsicherheit und Ihr Verhalten. Jedoch
sollten Sie auch auf Ihr Äußeres achten. Ihre Kleidung
sollte zu Ihnen und zu Ihrem Lieblingsfrauentyp passen.
Keine Angst, Sie müssen nicht wie ein Model aussehen,
aber Sie müssen gepflegt sein. Das gilt für Ihre Frisur, für
Ihre Zähne und Ihren Bart, falls Sie einen tragen. Viele
Frauen achten auch auf die Hände. Machen Sie das Beste
aus sich. Verschenken Sie nicht Ihre Chancen. Es gibt genug Beispiele von Männern, die von der Natur eher be-
nachteiligt wurden und dennoch attraktive Frauen als
Partnerin haben.

TIPP Lassen Sie sich zum Beispiel von einer anderen Frau beraten, was Sie anziehen sollten und welche Frisur Ihnen steht. Eine Frau berät Sie hier besser als ein Mann, denn das unbewusste Konkurrenzdenken fällt bei ihr weg.

Eine Frau schaut, mit welchen Federn Sie sich schmücken, das heißt, wie Sie auf die Balz gehen. Ja, es funktioniert wie im Tierreich. Wählen Sie also die richtigen Federn, damit Sie damit das passende Gegenüber anziehen. Eine schöne Uhr, schöne Stoffe. Kaufen Sie sich lieber ein teures Stück als fünf billige. Der erste Eindruck zählt schließlich!

Trainieren Sie auch Ihr Schauspieltalent. Sie werden sich anfangs unsicher fühlen, aber je mehr Rollen Sie spielen können, desto mehr erweitern Sie Ihr Repertoire und entdecken neue Seiten an sich. Vielleicht waren Ihnen diese bisher verborgen, da Sie nur im gewohnten Rahmen agiert haben. Wenn Sie üblicherweise schüchtern sind, versuchen Sie sich forsch zu präsentieren.

Wenn Sie Ihre neue Rolle spielen, werden Sie sich zuerst vielleicht unwohl und komisch vorkommen. Mit der Zeit werden Sie aber darin sicher und sie als Teil Ihrer selbst wahrnehmen. Es geht nicht darum, eine Show abzuziehen und sich total zu verstellen. Vielmehr sollten Sie bisher brachliegende Qualitäten an die Oberfläche holen und zeigen. Die Wahrheit ist nicht, dass Sie nur schüchtern sind, sondern dass Sie alles sein können, was Sie wollen, denn Sie haben alle Veranlagungen in sich. Sie müssen sie nur noch entwickeln. Je mehr Facetten Sie zur Verfügung haben, desto variationsreicher können Sie agieren. Je flexibler Sie agieren können, desto attraktiver werden Sie. In meinen Seminaren üben wir dieses bewusste Theaterspielen explizit, um dadurch unsere unterschiedlichen Seiten zu entdecken und zu entwickeln. So gelingt es den verblüfften Teilnehmern immer wieder, die eigene Ausdrucksfähigkeit spielerisch zu verbessern.

Spielen Sie bewusst die männliche Rolle. Seien Sie ihr König und handeln Sie entsprechend – reichen Sie ihr die Hand beim Aussteigen aus dem Auto, halten Sie ihr die Restauranttür auf und lassen Sie sie zuerst durchgehen, helfen Sie ihr in die Jacke, suchen Sie im Restaurant den Wein aus und gießen Sie ihr ein. Nehmen Sie ihr schwere Sachen ab, machen Sie sich schick für sie, bringen Sie sie nach Ihrer Verabredung nach Hause oder erkundigen Sie sich zumindest, ob sie gut nach Hause gekommen ist.

Dieses bewusste Spielen hilft der Frau, ihre weibliche Rolle ohne Scheu einzunehmen. Sie fühlt sich damit wie die Königin an Ihrer Seite. Ihr Date verläuft dann ganz anders, als wenn jeder für sich aus dem Auto steigt, jeder für sich seine Jacke auszieht, beide sich den Wein selbst einschenken. Das Empfinden wird in solchen Fällen auf beiden Seiten nichts Königliches haben. Es wird neutral bleiben, wie wenn Sie mit einem Freund unterwegs sind. Von prickelnder Anziehungskraft sind Sie dann weit entfernt. Wenn Sie hingegen bewusst die Rolle des galanten Eroberers spielen, werden Sie auch zu einem. Denn sie kann sich dann in diese Fürsorge hinein entspannen.

TIPP Frauen achten besonders auf Schuhe, Hände und Ihren Po. Achten Sie also darauf, gepflegt zu erscheinen und dass Schuhe und Kleidung zum Anlass passen! Das hilft Ihnen, Ihre Rolle als ihr König überzeugend zu spielen.

SEIEN SIE EIN GENTLEMAN

Seien Sie sich bewusst, dass Frauen »Kavaliere der alten Schule«, sofern es nicht maßlos übertrieben und aufgesetzt wirkt, durchaus sexy finden. Gentleman sein ist alles andere als out. Es lohnt sich also für Sie, sich dahin gehend zu schulen und beispielsweise einen Benimmkurs zu besuchen. Sie können ruhig ein bisschen bewusst Theater spielen. Doch bleiben Sie trotzdem echt, agieren Sie mit Gefühl und der entsprechenden Aufmerksamkeit. Denn sie wird merken, ob Sie Frauen generell Wertschätzung entgegenbringen oder es nur tun, um Eindruck bei ihr zu schinden. Sie wird sehr genau beobachten, ob Sie auch anderen Frauen gegenüber hilfsbereit sind. Wie Sie die Kellnerin oder Mitarbeiterin behandeln, wie Sie generell auf Frauen reagieren, die Hilfe brauchen. Sie wird beobachten, wie Sie mit Jüngeren und Älteren umgehen, wie mit Fremden und wie mit Bekannten. Und ganz sicher wird sie beobachten, wie Sie mit Ihrer Mutter umgehen. Wenn Sie also unterwürfig oder hochnäsig sind, nur eine Show abziehen und nur um Ihrer selbst willen gemocht werden wollen, werden Sie einsam bleiben.

Irmgard war mit Hubert im Restaurant. Er hatte sie eingeladen. Schon auf dem Weg dorthin überschlug er sich fast, hielt ihr die Autotür auf, reichte ihr die Hand zum Aussteigen, half ihr aus dem Mantel und schob ihr den Stuhl an den Tisch. Beim Servieren stieß die Kellnerin versehentlich an Irmgards Stuhl. Sie entschuldigte sich sofort. Hubert regte sich furchtbar auf und beschimpfte die Kellnerin. Irmgard war entsetzt über sein Verhalten. Es gab kein nächstes Treffen der beiden.

Auch Karin war zum Essen ausgegangen. Mit Axel. Nach dem Essen wollte Karin gerne noch einen Kaffee trinken und sagte ihm das auch. Doch Axel ließ die Kellnerin mehrmals an ihnen vorbeigehen. Er machte keine Anstalten, sie anzusprechen. Karin musste es schließlich selbst tun. Axel war damit in ihren Augen als Mann durchgefallen. Er war nicht aufmerksam oder hatte sich nicht getraut, die Kellnerin zu rufen.

Anders lief es bei Kerstin und Georg. Kerstins Essen wurde serviert. Es war köstlich, doch leider nicht richtig heiß. Georg handelte sofort. Er rief nach dem Kellner und fragte freundlich: »Könnten Sie bitte das Essen für die Dame noch einmal warm machen? Es wäre schade, wenn der Genuss geschmälert wäre.« Kerstin war beeindruckt.

Doris und Mirko hatten beim Italiener ein opulentes Mal genossen. Mirko fragte: »Willst du noch eine Nachspeise?« »Oh«, meinte Doris, »das klingt verlockend, aber ich bin so satt, das schaffe ich nicht mehr!« »Weißt du was, wir bestellen einfach ein Tiramisu mit zwei Löffeln«, erwiderte Mirco und rief den Ober. Damit hatte er Doris gezeigt, dass er Entscheidungen treffen kann und gerne mit ihr teilt. Als Doris später zur Toilette ging und wiederkam, hatte Mirco schon für beide bezahlt. Damit hat er ihnen die peinliche Situation erspart, wenn der Kellner fragt: »Wer zahlt?«. Doris war von diesem Mann begeistert.

TIPP Wenn Sie mit ihr ausgehen, machen Sie sich klar: Frauen stehen auf Männer, die großzügig sind. Dazu müssen Sie nicht reich sein. Es muss nicht immer das Sternelokal sein. Laden Sie sie auf einen Kaffee ein. Entscheidend ist die Geste, das Signal dahinter. Eine Frau will keinen Geizkragen. Also lassen Sie sie spüren, dass sie in Ihren Augen etwas Besonderes ist. Lassen Sie sich aber nicht ausnutzen. Ziehen Sie eine sinnvolle Grenze. Und klären Sie bei einer Verabredung im Vorfeld, wer zahlt. Sonst haben Sie gleich Sand im Getriebe.

DIE ZEICHEN DEUTEN

Viele Männer warten erst auf ein Zeichen der Frau – einen Blick, eine scheinbar zufällige Berührung oder was auch immer –, um aktiv zu werden. Nun, in der Tat ist es oft so, dass Frauen Männer oft unmerklich auswählen und sie subtil auffordern, in Aktion zu treten. Sie haben recht, diese Zeichen müssen Sie lesen können. Die Zeichen senden aber nur Frauen, die auf der Suche nach einem Partner sind. Viele Frauen sind nicht bewusst unterwegs, um einen Mann zu finden. Und wie auch immer Sie es schließlich anstellen: Geben Sie der Frau das Gefühl, dass *sie* die Eroberung gemacht hat. Dass *sie* die Wahl getroffen hat. Das erweckt ihr Interesse und ihre Leidenschaft!

TIPP Seien Sie darauf gefasst, dass sie sich zwischendurch ein wenig zurückziehen wird, um auf Ihre Reaktion zu warten. Wenn Sie ihr jetzt wie ein Hund hinterherlaufen, haben Sie schon verloren. Verteilen Sie kleine Aufmerksamkeiten und spielen Sie. Lassen Sie sie ruhig ab und zu ein wenig zappeln, indem Sie mal weggehen und sich mit anderen unterhalten. Sie wird genau beobachten, was Sie tun – und darauf warten, dass Sie sich wieder ihr zuwenden. Allerdings sollten Sie dieses Spiel nicht übertreiben.

Jürgen ist auf einer Singleparty am Tisch mit mehreren Frauen. »Ich bin ein Glückspilz«, denkt er sich. Gleich drei Frauen gefallen ihm! Also spricht er erst mit Erika. Sie ist wirklich sehr sympathisch. Jürgen lässt sich ihre Telefonnummer geben. Auch mit der attraktiven Sibylle plaudert er angeregt. Auch sie bittet er um ihre Telefonnummer. Als er schließlich auf die Toilette geht und wiederkommt, sind Erika und Sibylle nicht mehr am Tisch. Auch Andrea, die Dritte in Jürgens »Favoritenreigen«, ist nirgendwo zu sehen. Jürgen ist verwirrt und steht schließlich am Ende des Abends allein da.

Eine Frau möchte das Gefühl haben, etwas Besonderes zu sein. Das gelingt jedoch nicht, wenn Sie gleich mehrere von ihnen in Ihre »Einkaufstasche« legen. Wenn Sie mehrere »Bewerbungsgespräche« auf einmal führen, vergraulen Sie alle. Denn keine hat dann das Gefühl, »die Auserwählte« zu sein. Rein logisch betrachtet ist es sicher so, dass Sie nach dem Aussehen oder einem kurzen Gespräch nicht sagen können, welche die Richtige für Sie ist. Trotzdem: Konzentrieren Sie sich auf eine Frau! Selbst wenn sich im Laufe des Kennenlernens herausstellt, dass diese eine nicht die Richtige ist. C'est la vie! Werfen Sie nicht die Flinte ins Korn, wenn Sie abgelehnt werden. Bleiben Sie locker – schließlich gibt es noch andere Frauen auf dieser Welt!

Außergewöhnliche Ideen und spontanes Tun sind die besten Voraussetzungen für Erfolg. Mit vorgefertigten, abgedroschenen Sprüchen werden Sie bei keiner Frau landen. Zumindest bei keiner, die Stil und Niveau hat oder die auf mehr als nur eine gemeinsame Nacht aus ist. Machen Sie sich weitgehend frei von Ihren Absichten und versprühen Sie einfach Ihre gute Laune und Ihr Wesen. Flirten Sie nicht auf Teufel komm raus um des schnellen Erfolgs willen, sondern um Spaß zu haben und um Bekanntschaft mit ihr zu machen. Genießen Sie den Augenblick und lassen Sie alles Weitere auf sich zukommen. Das schafft eine natürliche Attraktivität. Alles andere wirkt nur aufgesetzt und stößt ab, ohne dass Ihr Gegenüber genau sagen könnte, wieso. Die Freude am Kontakt und die Neugierde auf die Menschen sind das, was anziehend wirkt. In dem Moment, in dem Sie darauf aus sind, andere zum Strahlen zu bringen und ihnen Freude zu machen – in dem Moment leuchten auch Sie. Dann ziehen Sie Aufmerksamkeit auf sich und ernten Sympathie und Anerkennung.

Heidi saß auf dem Weg zum Oktoberfest in der S-Bahn und telefonierte mit einer Freundin. Andi sah sie und ihre Gestik, ihr Lachen gefiel ihm, obwohl sie wesentlich älter war als er. Als sie das Gespräch beendet hatte, fasste er sich ein Herz und fragte: »Hallo, du scheinst voller Tatendrang zu sein. Hast du Lust, mit mir eine Runde Riesenrad zu fahren? Ich lade dich gerne ein.« Heidi war überrascht und fühlte sich geschmeichelt – und sie sagte kurz entschlossen Ja. Die beiden verbrachten einen wunderbaren und lustigen Abend.

MIT LEICHTIGKEIT ZUM ERFOLG

Wenn Sie auf der Suche nach einer Partnerin sind, müssen Sie sich vom Zwang, eine zu finden, frei machen.

TIPP Stellen Sie sich vor, Sie wollen nur mit ein paar Menschen kurze, nette Gespräche führen. Betrachten Sie es als Spiel, schauen Sie, ob Sie mit einer Person vier oder fünf humorvolle oder interessante Sätze wechseln können. Lassen Sie Ihr Ziel los, die Frau als mögliche Partnerin zu gewinnen.

Susi steht im Supermarkt vor der Käsetheke. Martin sieht sie eine Packung in ihren Einkaufswagen legen. Er fragt: »Ich suche einen würzigen Käse zum Wein. Sie scheinen sich auszukennen. Meinen Sie, der hier könnte der richtige sein?« Susi antwortet mit einer Gegenfrage: »Kommt auf den Wein an. Rot oder weiß?« Martin lächelt sie an: »Gibt es denn je nach Wein unterschiedlich geeignete Käsesorten?« Und schon sind die beiden im Gespräch.

Laden Sie die Frau also mit Ihrer ersten Frage ein, Ihnen ihre Aufmerksamkeit zu schenken. Wenn sie es nicht tut und nur antwortet: »Keine Ahnung« und sich abwendet, haben Sie nicht viel verloren. Wenn Sie allerdings eine freundliche Antwort bekommen und sie sich Ihnen zuwendet, dann hat sie Ihr Lächeln verdient. Zeigen Sie es ihr. Bleiben Sie leicht, lachen Sie und seien Sie herzlich und natürlich. Warten Sie auf ihre Reaktion. Sie ist jetzt am Ball, Ihnen zu signalisieren, ob sie mehr von Ihnen kennenlernen will. Vermeiden Sie es aber, Ihre Gedanken auf ein Date zu lenken. Sie würde es sofort spüren und sich überrumpelt fühlen.

TIPP Insbesondere Frauen lesen im Gesicht. Ihre Mimik zeigt Ihr Wesen. Lächeln Sie und zeigen Sie Ihre Offenheit, Ihre Selbstsicherheit, dass Sie mit sich selbst im Reinen sind. Das macht Sie attraktiv.

Helmut war wie jedes Jahr in Österreich im Urlaub. Im Supermarkt sah er Anna an der Kasse stehen. Sie füllte gerade mehrere Tragetaschen mit Lebensmitteln. »Das können Sie unmöglich alles allein tragen. Darf ich Ihnen helfen?«, sprang er ihr bei. »Oh, das ist nett«, entgegnete Anna erfreut, »mein Auto steht weiter vorne auf dem Parkplatz. Danke schön!« Ein Kavalier – das gefiel ihr. Bis sie zum Parkplatz kamen, wusste Helmut schon, dass sie mit einer Freundin eine Ferienwohnung gemietet hatte. Da ihm sein diesjähriges Hotel nicht gefiel, fragte er, ob er sich die

Wohnung einmal ansehen dürfe, da er plane, nächstes Jahr auch eine Wohnung zu mieten. Als er wieder wegfuhr, gab Anna ihm ihre Handynummer.

Im Café sind mehrere Tische besetzt. Agnes sitzt am Tresen und liest. Götz setzt sich neben sie: »Oh, wie ich sehe, lesen Sie auch gerade den neuen Enthüllungsroman, den habe ich auch gerade gelesen. Finden Sie ihn spannend?« Agnes blickt interessiert auf und schon entwickelt sich ein spannendes Gespräch zwischen beiden.

Manche Frauen signalisieren die Richtung und geben versteckte Hinweise. Wenn sie also beim Gespräch über Wein sagt: »Mmmhh, Burgunder mag ich auch gerne«, können Sie da sofort einhaken und das aufnehmen: »Dann lade ich dich nächstes Mal auf ein schönes Glas roten Burgunder ein.« Achten Sie auf die Brücken, welche die Frau Ihnen baut – und nutzen Sie sie!

Günter und Beate hatten ihr erstes Date am Samstagabend. Beide hatten dabei viel Spaß und verbrachten einen interessanten Abend. Bereits am Montag sollte Beate eine gebuchte zweiwöchige Urlaubsreise mit ihrer Freundin antreten. Gerne wollte sie sich vor ihrer Abreise noch einmal mit Günter treffen und so wartete sie am Sonntag auf Günters Anruf, um ein Date für den Abend zu vereinbaren. Nachmittags hielt sie es nicht mehr aus und ging in die Offensive: Sie rief ihn an. Sie plauderten eine Weile. Beate erwähnte wie nebenbei ihre Abreise am morgigen Tag. Günter reagierte immer noch nicht. Nachdem sie eine halbe Stunde telefoniert hatten, wurde Beate ungeduldig. Sie meinte: »Ich bin hier schon fast fertig mit Packen – ich suche nur noch ein gutes Buch als Reiselektüre.« Jetzt endlich stieg Günter darauf ein: »Oh, ich habe da ein ziemlich spannendes Buch von meiner Schwester geschenkt bekommen, es heißt *Die Einweihung*. Das habe ich selber noch nicht gelesen, aber es soll toll sein.« »Ah, davon habe ich auch schon gehört«, griff Beate den Ball auf, »das wollte ich schon immer mal lesen. Das wäre genau das Richtige.« Zum Glück nutzte Günter die Vorlage: »Ja, dann sollte ich es dir wohl heute noch bringen, damit du es einpacken kannst. Was hältst du davon, wenn wir bei dieser Gelegenheit vorher gemeinsam noch eine Kleinigkeit essen gehen?« Beate war erleichtert. Ihn anzurufen, war die eine Sache, ihn auch noch nach einem Date zu fragen, wäre eine ganz andere gewesen. Hätte Günter nicht auf ihren Wink mit dem Zaunpfahl reagiert, hätte sie vorher aufgegeben.

Auch Thomas erhält von Anke eine Vorlage: »Ah, ich sehe gerade, der Film *Rosige Welten* läuft im Kino. Den wollte ich schon immer mal sehen.« Leider nimmt Thomas den Hinweis gar nicht wahr und redet einfach weiter. Anke unternimmt keinen weiteren Versuch, ein Date zu erhaschen. Sie ist enttäuscht und denkt, Thomas habe kein Interesse, sich mit ihr weiter zu verabreden. Schade, denn hätte Thomas aufmerksam zugehört, so hätte er die von Anke gebaute Brücke beschreiten können: »Super, ich auch. Schau doch mal, wann und wo er am Montagabend gezeigt wird, dann besorge ich uns Karten.«

TIPP Stellen Sie ihr Fragen nach ihrem Umfeld: »Wer sind die Leute, die du magst?« – »Mit wem arbeitest du gerne?« Seien Sie neugierig auf ihr Netzwerk. Fragen Sie ohne Eile und ohne Hintergedanken. Lassen Sie es einfach fließen und seien Sie unverkrampft. So kommen Sie in ihre Nähe. Nutzen Sie kleine Storys und Humor, damit bleiben Sie in der Leichtigkeit. Das wird ihr gefallen. Wenn sie ernstes Interesse an einer Beziehung hat, wird sie Sie früher oder später einladen, ihr Umfeld kennenzulernen.

DIE KUNST DES STORYTELLING

Erzählen Sie ihr Geschichten. Das klingt banal und einfach, aber täuschen Sie sich nicht: Es ist eine Herausforderung, eine Kunst. Vermutlich haben Sie schon einmal ein Business-Seminar besucht, sich zu einem beruflichen Thema weitergebildet. Aber haben Sie je daran gedacht, Ihre Fähigkeit, Storys zu erzählen, aufzupeppen?

Um bei Frauen zu landen, üben Sie sich im Storytelling. Eine humorvolle, beschwingte Geschichte lässt Sie jede Frau gewinnen. Keine Märchen, keinen Schwank aus Ihrer Jugend, keine Selbstbeweihräucherung. Vielmehr sollte die ganze Begegnung mit Ihnen eine spannende, lustige, fesselnde Begebenheit aus einer Reihe von Storys sein.

Was macht nun eine gute Geschichte in den Augen oder, besser gesagt, in den Ohren der Frau aus? Einleitung, Höhepunkt und Schluss, wie Sie es noch aus der Schule kennen, ist damit nicht gemeint. Vielmehr ist auch hier der Rhythmus, das Muster wichtig. Sie können mit einem Höhepunkt starten, um Spannung zu erzeugen. Wenn Sie dann umschwenken und mit Vergleichen, Metaphern, Beispielen spielen, werden Sie die Aufmerksamkeit der Frau fesseln. Erzählen Sie Geschichten aus Ihrem Umfeld. Beschreiben Sie ihr die Charaktere, lassen Sie sie sich mit den Figuren identifizieren. Dann kann sie sich hineinfühlen und sich darin wiedererkennen. Es sind die kleinen »Ja-das-kenne-ich-Momente«, welche die Attraktivität Ihrer Story ausmachen. Wenn Sie anfangen zu erzählen, erzählen Sie ruhig ein wenig (!) von sich, sofern Sie eine Rolle in Ihrer Geschichte spielen. Und dann binden Sie sie mit ein. Es geht dabei nicht um Gewinnen oder Verlieren. Frauen lieben Geschichten, in denen sie einen Part spielen können, also legen Sie den Schwerpunkt auf diesen Aspekt. Achten Sie darauf, dass es keine Abenteuergeschichte und auch keine Einschlafstory wird. Es geht um die Mischung aus Ruhe, Aufregung und Gefühl, die Vertrauen erzeugt – und die Schwingung zwischen Ihnen erzeugt.

 Ihre Geschichten sollten der Frau etwas über Ihre Werte verraten. Lassen Sie andere darin gut dastehen.

Als Christiane bei ihrem Date mit Alexander nach Kindern fragt, blüht Alexander auf: »Ich habe selber leider keine, aber ich bin Patenonkel von meinem Neffen Mike. Meine Schwester ist allein und manchmal braucht der Bursche jemanden zum Rangeln. Für meinen Mike tue ich alles. Am liebsten gehen wir zwei so richtig auf Männertour – Mountainbiken oder Klettern. Jetzt, wo er älter wird, trockne ich auch schon mal ein paar Tränen in Liebesangelegenheiten. Meine Schwester ist zwar eine super tolle Mutter, aber damit kommt er doch lieber zu mir. Da bin ich schon stolz darauf.« Christiane ist gerührt.

Martin hat eine wunderbare Geschichte über die Liebe zu erzählen: »Meine Großeltern haben vor 60 Jahren geheiratet. Zum 50. Hochzeitstag wollten sie beide ihr Treuegelübde wiederholen. Sie haben mich gebeten, die Zeremonie zu leiten. Wenn ich das Foto davon heute sehe, bin ich total ergriffen. Die beiden haben sich wirklich gefunden.«

Um eine Frau zu finden, sollten Sie weder abwarten noch allein sein. Besuchen Sie ein entsprechendes Seminar, tun Sie sich mit anderen Männern zusammen oder lassen Sie sich von einer Frau coachen. Die beste Lehrmeisterin ist im Übrigen eine ältere Frau. Sie hat keine Scheu mehr, Ihnen ehrlich ihre Meinung zu sagen. Gehen Sie mit ihr aus und Sie erhalten von Ihrer Begleiterin ein wertvolles Feedback, zum Beispiel, wie Sie auf andere Personen wirken.

TIPP Frauen ansprechen funktioniert am besten, wenn Sie viele Freunde und Bekannte haben und sich mit Ihnen in Kommunikation üben. Daheim allein im stillen Kämmerlein werden Sie nicht zum Erfolg kommen. Bauen Sie sich also zunächst ein soziales Netzwerk auf, gehen Sie vor die Tür, treffen Sie sich mit Menschen, stürzen Sie sich ins Getümmel. Treten Sie einem Verein bei, belegen Sie einen Kurs – wie auch immer: Entwickeln Sie eine Vielzahl an Kontakten. Entweder lernen Sie dadurch tolle Frauen kennen, oder irgendwer kennt dann eine nette Single-Frau, die Nachbarin, die Schwester, die Kollegin …! Wer weiß, vielleicht ist genau sie die Richtige für Sie!

Wenn Sie in einer Gruppe von Menschen sind, sorgen Sie dafür, dass Sie Aufmerksamkeit haben. Frauen sind an dem Mann interessiert, der einen Status repräsentiert und etwas zu sagen hat. Egal, ob ihm in einer Männerrunde alle lauschen oder ob er als Trainer vor einer Seminargruppe agiert. Eine Frau kommt in den Raum und merkt sofort, dass Sie im Mittelpunkt stehen. Die anderen geben Ihnen die Energie. Wenn Sie es jetzt schaffen, nicht besonders auf sie zu achten, macht Sie das noch interessanter. Wenden Sie sich also zuerst anderen Frauen zu, flirten Sie ein wenig mit ihnen – und schon haben Sie ihre volle Beachtung! Dieser Trick funktioniert fast immer: Geben Sie der Person, von der Sie Aufmerksamkeit wollen, selbst keine oder nur wenig. Dadurch demonstrieren Sie Status und fördern deren Begierde.

Und um den Status geht es ja bekanntlich im Spiel zwischen Mann und Frau. Denn damit verbindet die Frau Ihre Fähigkeit, eine Familie zu ernähren. Das heißt nicht, dass alle Frauen tatsächlich auf der Suche nach einem Stammesfürsten oder Alpha-Tier sind, um ihn zum Vater ihrer künftigen Familie zu machen, aber die Instinkte arbeiten dennoch entsprechend.

Georg war Leiter eines Seminars. Eine der Teilnehmerinnen, Iris, war überaus attraktiv und alle Männer buhlten um sie. Georg beschloss, sie nur wenig zu beachten. Das irritierte Iris sehr. Nach dem Ende des Seminars, als alle ihre Sachen zusammenpackten, trat Georg auf Iris zu: »Ich möchte mich gerne mit Ihnen verabreden. Nur eine Stunde. Ich möchte Ihnen von einer Idee erzählen. Wann haben Sie Zeit?« Iris wurde neugierig und sagte zu. Georg nutzte die Stunde – und keine Minute länger –, um Iris ein gemeinsames Spiel vorzuschlagen: »Ich möchte ein Seminarzentrum aufbauen. In einem Jahr will ich zur Spitzengruppe in der Branche gehören. Dazu brauche ich dynamische und souveräne Partner. Ich könnte mir gut vorstellen, dass Sie genau die Richtige dafür sind. Sind Sie dabei?« Iris war dabei – und später seine Ehefrau.

Durch Ihre Authentizität werden Sie für Frauen attraktiv. Ihr unabhängiger, spannender Lebensstil lockt sie an – wenn Sie Ihre Potenziale im Leben entdecken und leben. Wenn Sie Ihren eigenen Weg gehen, ein facettenreiches Leben führen und Ihr Leben Ihnen Freude bereitet, dann ist die Frau nur eines der Puzzleteile in Ihrem Leben. Sie sind zufrieden und unabhängig. Das spüren Frauen und das macht Sie sehr attraktiv für sie. Denn wer möchte es schon mit einem Mann zu tun haben, der keine Leidenschaften hat? Die Frau sieht darin nur die Gefahr, dass Sie ihr hinterherlaufen wie ein Dackel und wie eine Klette an ihr hängen. Das ist in ihren Augen weder anziehend noch sexy.

Wenn Sie jedoch Spaß in Ihrem Leben haben und auch Freude an Situationen, in denen Frauen in der Nähe sind, dann ist Ihr Magnet angeschaltet. Denn freudige, fröhliche Menschen fallen auf und wirken anziehend. Lachen macht sehr attraktiv. Noch attraktiver sind Sie, wenn Sie Spaß mit Freunden haben oder, noch besser, mit Freundinnen unterwegs sind. Das vermittelt anderen Frauen sofort, dass Sie ein interessanter Mann sind, der Chancen hat. Wenn Sie Spaß mit Frauen und an sozialen Kontakten mit Frauen haben, macht Sie das sehr anziehend.

TIPP Wenn Sie der Frau gegenüber Ihr Interesse deutlich gemacht haben, ist es wichtig, ruhig und gelassen zu bleiben. Übereilen Sie nichts und bleiben Sie etwas auf Abstand. Lehnen Sie sich zurück und warten Sie auf ihre Reaktion. Sie haben das Ihre getan, jetzt ist sie am Zug. Beobachten Sie lediglich ihre Körpersprache, achten Sie auf kleine Signale. Warten Sie in Ruhe ab. Damit strahlen Sie Selbstsicherheit und Selbstvertrauen aus. Schenkt Ihnen die Frau jetzt einen Blick, dann schenken Sie ihr auch einen – einen kurzen. Wenn Sie sich dann wieder abwenden und sie daraufhin noch mal den Augenkontakt sucht, dürfen Sie das als Aufforderung verstehen: Gehen Sie auf sie zu, sprechen Sie mit ihr.

NUTZEN SIE IHR UMFELD

Sie haben schon eine bestimmte Frau im Auge? Es ist leichter, diese kennenzulernen, wenn Sie zunächst ihre Schwester oder Freundin oder eine andere Frau aus ihrem Netzwerk kontaktieren. Wenn diese Sie kennengelernt haben und Sie nett finden, werden sie Sie schon bald gerne unbewusst unterstützen wollen. Das funktioniert jedoch nur, wenn Sie sich authentisch geben und locker bleiben. Nur wenn Sie wirklich auch deren Leben bereichern wollen, sie unterstützen und ihnen helfen, werden sie auch Ihnen helfen, glücklich zu werden! Wenn Sie sich fair verhalten, werden die Frauen Ihnen Tipps geben, bis aus dem Frosch ein Prinz geworden ist und Ihr Magnet Kraft hat. Und: Diese Frauen werden ihren Freundinnen – und auch Ihrem Favoriten – Gutes über Sie berichten.

TIPP Wenden Sie sich an die Frauen, die innerhalb des Umfeldes Ihrer Angebeteten auf der gleichen oder einer niedrigeren Stufe als Ihre Auserwählte stehen. Also die Schwester, die Freundin oder Kollegin. Sie stehen in besserem Austausch mit ihr als Frauen, die über ihr stehen.

Hinter einem kraftvollen Mann steht oftmals eine Frau. Das kann die Partnerin sein oder die Schwester, eine Freundin – oder die Mutter. Frauen werden deshalb sehr darauf achten, wie Sie mit Ihrer Mutter umgehen. Von ihr haben Sie Ihre Weisheit. Wichtig für die Frau ist zu sehen, wie Sie die Weisheit der Frau respektieren. Wenn Sie nur nach Energie, Geld und Aufmerksamkeit suchen, werden Sie zurückgewiesen und gehen leer aus. Wenn Sie Aufmerksamkeit, Geld und Hilfe geben, werden sich die Frauen dagegen um Sie scharen.

Peter ist erfolgreicher Inhaber eines mittelständischen Unternehmens. Bevor er sich seinen Aufgaben widmet, ruft er des Öfteren seine Mutter an und spricht kurz mit ihr. Dadurch tankt er Kraft und Zuversicht und stellt sich selbstsicherer den Anforderungen des Tages.

Sehen Sie in jeder Frau die Schönheit ihres Herzens. Schätzen Sie die Weiblichkeit in ihr, ungeachtet ihres Alters oder ihres Aussehens. Bleiben Sie nicht an der Oberfläche haften, sondern sehen Sie sie so, wie sie wirklich ist. Sehen Sie ihr Wesen. Jede Frau will wahrgenommen werden. Manche Männer sprechen nur die Frauen an, die in ihr Beuteschema passen. Entspricht die Frau nicht diesem Beuteschema, versprühen sie ihren Charme nicht weiter. Doch dieses zweierlei Maß fällt anderen Frauen auf und sie gehen auf Distanz. Es ist also durchaus sinnvoll, Frauen, die Sie äußerlich nicht so attraktiv oder sexy finden, Anerkennung zu schenken und Komplimente zu machen. Üben Sie am besten, in jeder Frau oder jedem Menschen das Positive zu sehen und es dieser Person mitzuteilen. Seien Sie nicht überrascht, wenn durch Ihre Wertschätzung und Ihr Tun die Schönheit der Frau hervortritt. In jedem Fall aber werden Sie die positive Aufmerksamkeit der anderen Frauen gewinnen.

Martin hat genau eine solche Geschichte mit seiner Ehefrau erlebt. Er wurde in einer sehr konservativen Zeit groß, in der Sex vor der Ehe strikt abgelehnt wurde. So kam es, dass er mit zunehmendem Alter immer unruhiger wurde. An seinem 21. Geburtstag beschloss er daher, zu heiraten und endlich Sex zu haben.

Er interessierte sich für die Nachbarstochter. Sie war nicht besonders hübsch, etwas schüchtern und ruhig, aber nett. Er kannte sie bereits seit vielen Jahren und fand auch ihre Mutter sympathisch. Das war für ihn wichtig, denn seine Mutter hatte ihn immer gelehrt: »Schau dir die Mutter deiner Zukünftigen an, denn genau so wird sie sein, wenn sie älter wird.« Nach einigen Treffen stellte Martin die entscheidende Frage und erntete ein Ja. Es wurde eine große Hochzeit gefeiert und Martin hatte endlich die ersehnte Partnerin an seiner Seite. Die beiden verlebten wundervolle Jahre, in denen seine Frau stetig an Attraktivität zunahm. Dadurch, dass Martin ihre innere Schönheit sah, entwickelte sie sich nach und nach auch nach außen hin zu einer selbstbewussten und attraktiven Frau.

Bei der Partnerin meines Kunden Wolfgang konnte ich eine sehr ähnliche Entwicklung miterleben. Als er Rita kennenlernte, war sie im wahrsten Sinne des Wortes eine graue Maus. Ihre Haare waren fast weiß, die Kleidung farblos und unauffällig. Sie war ruhig und zurückhaltend. Als ich sie zwei Jahre später zufällig wieder traf, hätte ich Rita fast nicht wiedererkannt. Sie hatte die Haare gefärbt, trug eine schicke Frisur, war modisch gekleidet und hatte eine elegante, selbstbewusste Ausstrahlung.

Lassen Sie sich nicht verschrecken, wenn Sie auf eine Frau im Kreise ihrer Freundinnen treffen. Sicher, es wird etwas schwieriger für Sie, sie kennenzulernen, aber nicht unmöglich. Beobachten Sie jetzt besonders gut. Sie nimmt über ihre Augen Kontakt mit Ihnen auf oder sendet Ihnen mit kleinen Gesten Signale. Schenken Sie ihr Aufmerksamkeit. Sonst wird sie einen Rückzieher machen, wenn Sie sie ansprechen. Schließlich sind Frauen genauso unsicher im Umgang mit Männern wie Männer im Umgang mit Frauen.

Sprechen Sie eine Frau in einer Gruppe an, bekommen Sie immer einen Attraktivitätsbonus, der sogar noch größer wird, je mehr Frauen in der Gruppe sind. Meist traut sich kein einzelner Mann, eine Gruppe anzusprechen, also müssen Sie selbstbewusst und mutig sein. Das wissen die

Frauen zu schätzen, auch wenn sie vielleicht im Moment gerade ungestört sein möchten. Zudem ist es leichter, eine einzelne Frau aus einer großen Gruppe kennenzulernen, als wenn sie nur mit einer einzelnen Freundin unterwegs ist, von der sie sich nicht abwenden will.

Gloria ist mit ihren Freundinnen im Café. Als Marius es betritt, fällt sie ihm mit ihren langen, blonden Haaren sofort auf. Er gesellt sich zu der Gruppe Frauen und beginnt mit allen ein fröhliches Gespräch. Gloria spricht er dabei kein einziges Mal direkt an. Nach einer Weile wendet er sich an die Freundinnen und fragt sie schmunzelnd: »Darf ich euren Blondschopf mal für eine Sekunde entführen?« Weder die Gruppe noch Gloria erheben Einwände und stimmen lachend zu.

TIPP Männer jagen und Frauen sammeln. Das war schon zu Urzeiten so und gilt im übertragenen Sinn auch heute noch. Lassen Sie sich von Ihrer Herzensdame »aufsammeln«. Sie wird, bevor es ernst wird zwischen Ihnen, wissen wollen, was ihre Freundinnen von Ihnen halten. Gut also, wenn Sie auch ihre Freundinnen, die Mutter usw. für sich gewinnen können. Bleiben Sie dabei immer ganz Sie selbst, dann wird Ihnen dies mit Leichtigkeit gelingen.

JAGDREVIERE

Haben Sie trotz langen Suchens bis jetzt noch keine passende Frau gefunden, sollten Sie vielleicht reisen. Es ist ein Naturgesetz, dass die Pheromone, also die Botenstoffe, die der biochemischen Kommunikation dienen, uns bei der Partnerwahl lenken. Je verschiedener sie sind und je unterschiedlicher auch die Gene, desto attraktiver empfinden wir unser Gegenüber. Die Chancen, weiter weg im Ausland eine geeignete Partnerin zu finden, stehen von daher nicht schlecht!

Tom ist ein stiller Typ. Sehr zu seinem Leidwesen beachten ihn die Frauen in seiner Heimat nicht. Erst als er beruflich in die USA kommt, tritt der Wandel ein. Als Deutscher hebt er sich von der Masse ab und hat grundsätzlich die Aufmerksamkeit und das Interesse auf seiner Seite. Er geht zunehmend aus sich heraus und lernt schließlich Maria kennen und lieben.

Natürlich gibt es auch hierzulande genügend Möglichkeiten und Orte, wo man eine Frau kennenlernen kann. In der Disco, im Nightclub oder in der Kneipe nebenan treffen Sie eher auf Fans von lockeren Beziehungen. Dort lassen sich schnell Kontakte knüpfen. Doch auch beim Gesellschaftstanz, bei einem Salsakurs oder Ähnlichem haben Sie gleich Gesprächsstoff, wie zum Beispiel: »Du tanzt schon länger?«, oder: »Gehst du zu diesem Intensivkurs am Wochenende?«

TIPP Wenn Sie tanzen, tanzen Sie geschmeidig. Die Frau wird auf Ihre Bewegungen achten, also wirbeln Sie nicht herum. Wiegen Sie Ihren Körper, wippen Sie sanft in den Knien. Ködern Sie sie mit Ihren federnden Bewegungen.

Beim Yoga, Qigong oder ähnlicher Körperarbeit sowie in Meditationskursen ist die Wahrscheinlichkeit höher, auf Frauen zu treffen, die an einer langfristigen Beziehung mit Tiefe interessiert sind. Wenn Sie eine treue Partnerin für eine dauerhafte Beziehung suchen, werden Sie eher auf Veranstaltungen sozialer oder kultureller Art fündig werden. Einer der besten Plätze für interessante Begegnungen sind Veranstaltungen zu den Themen Kommunikation oder Persönlichkeitsentwicklung. Gehen Sie auf Vortragsabende oder, besser noch, auf ein Seminar. Das Gute daran ist, dass dort die Menschen ihre Masken fallen lassen und von sich erzählen. Automatisch kommt man sich so auf einer tieferen Ebene näher.

PARTNERSUCHE ONLINE ODER PER INSERAT

»Eheanbahnungsinstitut« war früher angesagt. Heute hat der Karteikasten längst ausgedient. Auch die Kontaktanzeigen in der Presse spielen nicht mehr so eine wichtige Rolle. Partnerschaftsbörsen im Internet haben dafür Hochkonjunktur. Doch Grund zur Euphorie besteht nicht, eher zur Vorsicht. Via Bildschirm lassen sich weder Geruch noch Schwingung transportieren. Sie können also nur über schöne Worte und gestylte Bilder Kontakt aufnehmen. Doch wie viel Ehrlichkeit begegnet Ihnen? Wie viel Aufmerksamkeit und echtes Interesse an Ihnen und Ihrem Wesen? Sicher, es gibt immer wieder Erfolgsmeldungen – aber es gibt auch viele Enttäuschungen.

Welche Frau, 35–40, schlank, blond, hat Interesse, mit mir, 45/186/89, in die Berge, an die Seen, zum Radeln zu gehen und das Leben zu genießen? Trau dich!

Er, NR, 52/172/96, sucht liebevolle, vollschlanke Sie, gesund, moralisch gefestigt, fähig, einen Haushalt zu führen, treu, politisch korrekt, Nichtraucherin.

Ich, 41/178/82, ein netter, treuer, wohlsituierter Mann, wage es nach einer Enttäuschung noch einmal: Ich suche auf diesem Wege eine liebevolle Frau für eine feste Beziehung. Ich freue mich auf deine Nachricht.

Anzeigen dieser Art machen keine Frau wirklich neugierig. Wenn Sie einen Versuch wagen wollen, dann sollten Sie sich bewusst aus der grauen Masse hervorheben.

TIPP   Seien Sie in Ihrem Internetprofil humorvoll und nutzen Sie die Überraschung. Wenn es um Ihre Frühstücksgewohnheiten geht, weckt »Sonne und gute Laune« mehr Interesse als »Kaffee und Marmeladentoast«. Wenn Sie auf eine Anzeige antworten, gilt das natürlich genauso.

SO PUNKTEN SIE IM GESPRÄCH

Um zu erreichen, dass sich aus einem vielversprechenden Anfang ein angeregtes Gespräch entwickelt, bedarf es Ihrer Zündkraft: Leuchten Sie wie mit einer Taschenlampe in das Dunkel und bringen Sie die Frau zum Strahlen! Dabei ist wichtig, genau die Themen herauszufinden, über die sie gerne und mit Begeisterung spricht. Wenn Sie nicht wissen, worüber sie gerne spricht, finden Sie diese Themen durch geeignete Fragen heraus:

— Was machst du gerne?
— Wie verbringst du am liebsten deine Freizeit?
— Was ist deine große Leidenschaft?
— Worauf bist du stolz?
— Wenn die gute Fee käme und alles möglich wäre, was wären deine drei Wünsche?
— Was liebst du an deinem Beruf am meisten?
— Was tust du am liebsten an Regentagen?
— Was war die beste Entscheidung, die du jemals getroffen hast?
— Hast du schon mal etwas total Abgedrehtes getan? Wenn ja, was war das?
— Wo siehst du dich in zehn Jahren?
— Womit kann man dir eine Freude machen?
— Wovon bekommst du garantiert gute Laune?
— Wenn du nicht arbeiten müsstest, wie würdest du dann deinen Tag verbringen?
— Was war deine Lieblingsbeschäftigung als Kind?
— Wovon hast du als Kind geträumt?
— Wer war dir als Kind ein Vorbild?

Woran sehen Sie, dass eine Frau nicht gerne über ein Thema spricht? Auch das können Sie vorher nicht wissen, aber Sie können ihre Reaktion beobachten. Wo gerät sie ins Stocken, wo werden ihre Wangen blasser und wo verspann sie sich? Derartige Reaktionen ernten Sie sicher auf Fragen wie »Warum ist eine hübsche Frau wie du allein?«, »Du wirkst so toll, wo ist denn da der Haken?« oder »Warum ist denn deine Beziehung auseinandergegangen?« Solche Fallstricke gilt es zu vermeiden. Konzentrieren Sie sich lieber auf die positiven Dinge im Leben!

Wenn die Frau Ihnen gegenüber dann im Lauf der Unterhaltung ein wenig aufgetaut ist, stellen Sie ihr Fragen, auf die Sie ein Ja erhalten. Oder verwenden Sie offene Fragen, auf die sie ausführlich antworten kann. Damit halten Sie das Gespräch am Laufen. Sie erfahren so eine Menge über die Frau und können zugleich auch Ihre Vorlieben und Sichtweisen einbringen. Schließlich soll Ihr Gegenüber ja auch etwas über Sie erfahren und neugierig auf Sie werden. Zielführende Fragen sind hier zum Beispiel:

— Liest du gerne? Welches Buch liegt momentan auf deinem Nachttisch?
— Magst du Tiere? Wenn du ein Tier sein könntest, welches wärst du? Warum?
— Naschst du gerne? Welche Eissorte magst du am liebsten?
— Was ist deine Lieblingsjahreszeit und warum?
— Nach welchem Motto lebst du?
— Was sind die fünf wichtigsten Dinge in deinem Leben?
— Wenn du nur eine Sache mit auf eine einsame Insel nehmen dürftest, was wäre es?
— Was war dein Lieblings-Comic als Kind?
— Was ist das Erste, worauf du bei anderen Menschen achtest?
— Welches angeborene Talent hättest du gerne?
— Was möchtest du unbedingt noch lernen?
— Wobei kannst du dich am besten entspannen?
— Bist du ein Morgenmuffel?
— Welche Rituale gibt es in deinem Alltag?

Achten Sie auf den Gesprächsfluss. Er gibt Ihnen Aufschluss darüber, wo ihre Gesten wacher werden, wo sie ins Stocken gerät und wo ihr Gesicht strahlt. Es ist wie beim Topfschlagen: Wo Sie körperliche Reaktionen wahrnehmen, wo sie aufmerksam und lebendig wird, da wird es heiß, da sind Sie richtig! Sie sind derjenige, der diesem Feuer nachgeht und es weiter entfacht. Wie ein Pfadfinder bei der Schnitzeljagd. Dort wo Sie ein Strahlen entdecken, haken Sie mit der nächsten Frage ein. Seien Sie neugierig auf das, was die Frau Ihnen erzählt, und fragen Sie genauer nach. Das zeigt Ihr Interesse an dem, was sie gerne macht oder erlebt. Die Verbindung baut sich dann über Gemeinsamkeiten auf. Freuen Sie sich darauf, welche zu entdecken!

TIPP Alles, was Sie erzählen, sagt Ihrer Auserwählten etwas über Sie! Sie kann daran erkennen, wie Sie mit anderen Menschen umgehen, wie Sie zu sich selbst stehen und was Sie über andere denken. Das wertet sie aus. Erzählen Sie also eine Geschichte von sich. Sie wird daran erkennen, welcher Typ Sie sind und ob Sie mehr zu geben haben oder ob Sie eher nehmen.

— Erzählen Sie einen Traum, den Sie hatten.
— Erzählen Sie von einem Aha-Erlebnis.
— Lassen Sie sie teilhaben an Schwierigkeiten, die Sie gemeistert haben.
— Schildern Sie Ihre Loyalität und Ihren Einsatz, zum Beispiel für das neue Projekt Ihres Arbeitgebers.

Fühlen Sie sich in die Frau hinein, welche Art von Humor sie mag. Sie sehen, es gilt nach wie vor: Beobachten, beobachten, beobachten! Schauen Sie sich ihre Kleidung an, ihren Augenkontakt und ihre Reaktionen. Und schon können Sie erkennen, ob sie nur auf eine Nacht oder einen dauerhaften Kontakt, eine wirkliche Beziehung aus ist. Wie auch immer – nehmen Sie es mit Humor und haben Sie Spaß! Befreien Sie sich davon, ein bestimmtes Ziel erreichen zu müssen. Das verkrampft Sie nur. Die Frau wird erst locker, wenn Sie es sind. Sie wird erst handeln, wenn Sie den Kopf frei haben. Es ist ein Spiel, und wenn Sie es schaffen, in der Leichtigkeit zu bleiben, haben Sie schon halb gewonnen.

TIPP Wenn Sie mutig sind, fragen Sie nach einer Weile: »Auf einer Skala von eins bis zehn: Wie aufregend findest du den heutigen Abend?« Damit schaffen Sie Raum für weitere Fragen. Wenn sie beispielsweise antwortet: »Acht«, dann interessiert Sie natürlich: »Was würde es jetzt auf die Zehn bringen?« So können Sie spielerisch mit ihr sein, ganz nebenbei ihre Vorlieben erfahren und dementsprechend den Abend gestalten.

MIT CLEVEREN FRAGEN IM GESPRÄCH BLEIBEN

Sie beginnen mit einer offenen Frage, zum Beispiel: »Was machst du gerne?« Sie erzählt Ihnen dann vielleicht: »Ich gehe gerne spazieren, treffe mich mit Freunden oder gehe zum Tanzen.« Sind bei dem Wort »Tanzen« alle ihre Lichter an? Wenn Sie wahrgenommen haben, dass sie bei »Tanzen« mehr leuchtet als bei allem anderen, dann brauchen Sie sich keine Folgefrage aus den Fingern saugen. Sie nehmen genau das und knüpfen daran Ihre nächste Frage.

»Ah, das ist ja interessant. Ich tanze auch gerne. Was genau tanzt du denn gerne, welche Richtung?« Und schon sind Sie mitten im Gespräch, das immer tiefer geht. »Oh, ich tanze Lateinamerikanisch, Salsa und so – und ich liebe Bauchtanz.« »Wow«, können Sie nachfragen, »mit Bauchtanz kenne ich mich gar nicht aus. Erzähl mal, was gefällt dir daran besonders?«

Viele Gespräche enden schon nach der ersten Äußerung. Auf die Aussage »Ich tanze gerne« hätten manche Männer ein vorgefertigtes Bild im Kopf und würden nicht mehr nachfragen, weil sie vielleicht selber nicht so gerne tanzen. Wenn Sie aber neugierig bleiben, dann erfahren Sie, ob sie tanzt, weil sie sich gerne bewegt oder weil es gut aussieht, weil sie sich gut dabei fühlt oder weil sie dabei viele Leute kennenlernt. Es gibt vielerlei Gründe. Den ihren erfahren Sie nur durch gezieltes Fragen.

Gehen Sie während des Gesprächs immer mehr ins Detail: »Was genau fasziniert dich daran?« oder »Was ist für dich der schönste Moment dabei?« Mit der Aufmerksamkeit, die Sie ihr damit schenken, geben Sie ihr das gute Gefühl, verstanden zu werden. Ihr Nachfragen aufgrund Ihrer gedanklichen Notizen macht Sie in ihren Augen zum interessierten und aufmerksamen Zuhörer, denn Ihre Fragen spiegeln Ihre Aufmerksamkeit wider. Und Sie erhalten ein immer genaueres Bild von ihr.

Stellen Sie sich vor, Sie begegnen einer tollen Frau in einer Bar. Sie nehmen souverän die erste Hürde und kommen ins Gespräch. Da sie braun gebrannt ist, können Sie fragen: »Warst du gerade im Urlaub, du bist so schön braun?« Sie antwortet vielleicht: »Ja, ich habe mir etwas Sonne auf Ibiza gegönnt.«

Jetzt wird es spannend: Es kommt nun darauf an, welche Fragen Sie stellen. Damit stellen Sie die Weichen. Sie würgen damit entweder das Gespräch ab oder entfachen das

Feuer. Stellen Sie jetzt keine Fragen, auf die sie nur mit Ja oder Nein antworten kann, sondern stellen Sie Fragen, welche die Antwort völlig offen lassen:

- Was machst du da gerne?
- Was genau liebst du daran?
- Was war dein schönstes Erlebnis dort?

So kommen Sie dagegen schnell zum vorzeitigen Ende der Begegnung: »Oh, wow – da war ich auch letztes Jahr! Da warst du sicher auch im Café del Mare und hast das Nightlife auf der Insel genossen?!«, freuen Sie sich. Sie geben damit die weitere Richtung der Unterhaltung an. Und nehmen ihr unbewusst die Gelegenheit zu erzählen, wofür sie sich begeistert. Sie werden es auch nicht erfahren, denn sie verschließt sich, wenn Disconächte nicht ihr Ding sind.

TIPP Interpretieren Sie oder unterstellen Sie nichts und legen Sie ihr die Antwort nicht in den Mund. Befreien Sie sich von Vermutungen, Interpretationen und vorgefassten Einschätzungen. Bleiben Sie neugierig und offen.

WIE SIE SIE ZUM LEUCHTEN BRINGEN

Machen Sie die Frau neugierig – indem Sie neugierig auf sie sind. So können Sie zum Beispiel fragen: »Ah, auf Ibiza war ich auch letztes Jahr! Was hat dir denn dort am besten gefallen?« Dann könnte sie antworten: »Hey, so ein Zufall. Ja, es ist wirklich schön dort. Ich habe die Natur dort so genossen. Ich liebe das Meer, die Buchten und Strände. Ich war mit ein paar Freunden da und wir haben sie alle der Reihe nach besucht. Am schönsten war der Strand bei den Salinen in der Nähe von Ibiza-Stadt. Wow, wie aus dem Bilderbuch!«, sprudelt es nur so aus ihr heraus. Jetzt haben Sie ihre Lichter angezündet, haben etwas über sie erfahren – und können weiter einhaken:

»Da seid ihr sicher viel rumgekommen.«

»Ja, wir waren auch auf dem Hippiemarkt. Das war super, da habe ich eine Kette mit Halbedelsteinen und Muscheln gefunden. Die würde ich am liebsten rund um die Uhr tragen. Dann habe ich den Urlaub und das Meer immer dabei!«

»Du strahlst total, wenn du das erzählst! Da werde ich richtig neugierig. Hast du diese Kette um? Ich würde sie gerne sehen! Darf ich sie genauer anschauen?«

Und schon haben Sie die Gelegenheit, die Frau beim Betrachten der Kette zu berühren, und den Grundstein gelegt, um ein Folge-Date zu vereinbaren – bei dem sie dann natürlich diese Kette trägt! Sie können ihr eine Muschel, einen Meersalz-Badezusatz oder einen Bildband über Ibiza mitbringen – und sicher sein, dass sie sich darüber freut!

TIPP Seien Sie gespannt auf ihre Antworten, bleiben Sie wachsam und schauen Sie, was kommt. Beobachten Sie, wann sie strahlt und ihre Augen leuchten. Greifen Sie genau die Themen und Gefühle auf, die sie zum Leuchten bringen, und vertiefen Sie sie:

– Wobei hast du dich dort am besten gefühlt?
– Erzähl mehr davon: Wo warst du da am liebsten?
– Wenn du von … erzählst, strahlst du so richtig!
– Was hat dir dort am besten gefallen?

– Warum hat dir das am besten gefallen?
– Was genau fasziniert dich daran?
– Gibt es etwas, was du dort gerne mal machen/erleben würdest?

In einem meiner Seminare schwärmt Maria im Rollenspiel mit Bernd von Afrika. Bernd war noch nie dort und befürchtet, bei diesem Thema aufs Glatteis zu geraten. Er lenkt das Gespräch lieber in eine andere Richtung. Schade, denn Maria hätte gerne weitererzählt.

So hätte es weiterlaufen können, ohne dass Bernd durch seine Unwissenheit sein Gesicht verliert:

»Oh, wow, das klingt ja interessant. Ich war noch nie in Afrika. Erzähl mal, was genau fasziniert dich daran?« Und schon sprudelt Maria los und die beiden sind sofort in ein fesselndes Gespräch vertieft. Bernd lädt sie daraufhin ein, mit ihm Afrikanisch essen zu gehen. Natürlich nimmt Maria begeistert an.

Lassen Sie sich also nicht verschrecken, wenn Ihr Gegenüber ein Thema anschneidet, von dem Sie keine Ahnung haben. Das macht nichts. Stehen Sie dazu und bleiben Sie einfach neugierig. Wenn Sie sie jetzt nach Details fragen, werden Sie viel über diese Frau erfahren. Sie werden ihr Leuchten sehen und sie wird sich vollkommen wahrgenommen fühlen. Ein wichtiger Meilenstein! Über das Nachfragen finden Sie heraus, mit wem Sie es zu tun haben. Sie merken, was sie innerlich empfindet, ob sie Abenteuer mag, was sie beschäftigt und was sie begeistert. Wenn Sie also richtig fragen, finden Sie in ein paar Minuten heraus, was sie bewegt und was für ein Typ sie ist. Zudem erfahren Sie ganz nebenbei, womit Sie ihr eine Freude machen können. Es wird ihr gefallen, wenn Sie sich diese Dinge merken. Sie sieht daran, dass Sie wirklich zugehört haben und aufmerksam sind.

Sie ist selbstständig in ihrem Job tätig? Perfekt: Fragen Sie nach ihrem Angebot. Fragen Sie, was es kostet – und wenn es Sie neugierig macht, dann kaufen Sie. So können Sie herausfinden, wie sie sich bei geschäftlichen Themen verhält. Was ist ihr wichtig? Wie begeistert ist sie von dem, was sie tut? Wie verhält sie sich gegenüber Kunden?

Wenn Sie über ihre geschäftlichen Themen sprechen, können Sie sehr schnell herausfinden, ob sie eine andere Seite hat, und diese kennenlernen! Aber vergessen Sie nicht, wieder auf persönliche Themen zurückzukommen.

DER TON MACHT DIE MUSIK – UND BESTIMMT DAS ERGEBNIS

Immer wieder werde ich gefragt, ob ein Mann auch bei einer Frau landen kann, wenn er sie rüde anspricht oder sie kritisiert, um dadurch männliche Dominanz zu zeigen. Das ist Geschmackssache. Tatsache ist, dass Sie damit nur Frauen anziehen, die vom Typ her eher unterwürfig sind. Oder es sind Frauen, die Ihnen Ihr Verhalten bei entsprechender Gelegenheit heimzahlen und Ihnen das Leben schwer machen. Wenn Sie einer Frau derbe Muster Ihres Denkens und Handelns präsentieren und Sie trotzdem bei ihr landen – freuen Sie sich also nicht zu früh! Die Wahrscheinlichkeit ist hoch, dass Sie auf dieser Basis nicht lange glücklich sein werden. Es sei denn, Sie lieben es, eine ungleiche Beziehung zu führen.

Sicher, es ist richtig, dass Sie sich von der schnöden Masse derer, die die Frau auf ihre Attraktivität ansprechen, abgrenzen sollten. Aber nicht, indem Sie ihr sagen, was nicht an ihr stimmt. Viel eher haben Sie Erfolg, wenn Sie ihr ganz konkret Anerkennung geben.

Wenn sie etwas sagt, das Ihnen nicht gefällt, sagen Sie ihr: »Hey, das finde ich jetzt nicht so gut.« Oder wenn sie etwas vorschlägt, das Sie nicht mögen, stehen Sie dazu: »Sorry, da habe ich jetzt gar keine Lust dazu. Lass uns lieber …« Bleiben Sie ehrlich und authentisch. Haben Sie Ihren eigenen Standpunkt, versuchen Sie nicht, ihr alles recht zu machen. Laufen Sie ihr nicht hinterher. Nicht aus Taktik, sondern weil Sie zu Ihren eigenen Empfindungen stehen und Ihre eigenen Grenzen setzen. Sie wird Ihre Selbstsicherheit spüren und schätzen. Hören Sie ihr also gut zu, wägen Sie ab und treffen Sie Ihre Entscheidung. So zeigen Sie Selbstsicherheit, Bestimmtheit und schaffen Vertrauen. Denn bei ihr kommt an: »Er traut sich, seine Meinung zu vertreten, er riskiert auch, falsch zu liegen. Er übernimmt Verantwortung für sich und sein Leben.« Damit wirken Sie männlich, selbstbewusst und attraktiv!

Auch wenn sie Sie verbal angreift, bleiben Sie gelassen. Reagieren Sie warmherzig und mit Humor. Sie werden überrascht sein, wie Sie mit spielerischer Freundlichkeit jede problematische Situation auflösen können. Positive Fröhlichkeit ist der Schlüssel, nicht der Spaß auf Kosten anderer. Amüsante Geschichten haben eine kraftvolle Anziehung, sofern sie echt sind und Sie dabei authentisch bleiben.

TIPP Frauen lieben Geschichten. Erzählen Sie also Geschichten, in denen alle gut dastehen. Damit zeigen Sie Ihre positive, wohlwollende Ausstrahlung und verbreiten Entspannung. Denn jetzt weiß sie, dass Sie niemanden durch den Kakao ziehen – auch sie nicht. Sie fühlt sich beschützt und fasst weiter Vertrauen.

Wie man in den Wald hineinruft, so schallt es eben heraus. Verletzen Sie sie, werden auch Sie verletzt. Beschützen Sie sie dagegen, so wird sie Sie ebenfalls beschützen. Sagen Sie ihr also etwas Positives über das Außergewöhnliche an ihr. Geben Sie ihr eine Anerkennung, zum Beispiel für ihr Interessengebiet. Das heißt nicht, dass Sie nur an ihren Lippen hängen und ihr nach dem Mund reden müssen. Das macht Sie auf die Dauer uninteressant. Sie können ruhig mal ein wenig frech sein, sie auch mal kokett aufziehen. Übertreiben Sie es aber bitte nicht, schließlich wollen Sie nicht als totaler Macho dastehen und sie verschrecken. Dosieren Sie also gut. Hören Sie mehr zu, als zu reden. Achten Sie auch darauf, wann Sie ihr Aufmerksamkeit geben und wann Sie sie entziehen. So halten Sie das Gespräch am Laufen. Es ist ein Vor und Zurück, wie beim Tanzen. Machen Sie also auch mal nichts. Sagen Sie nichts, ziehen Sie sich ein wenig zurück. Dann ist sie dran.

Warten Sie ab, ob Sie sie neugierig gemacht haben. Vielleicht hat sie gerade den Kopf voll und ist mit anderen Themen beschäftigt. Vielleicht interessieren Sie sie auch nicht. In jedem Fall werden Sie es schnell herausfinden. Sie haben nichts zu verlieren! Wenn sie auf Sie zukommt, wenn sie die Initiative ergreift, dann ist es wieder an Ihnen, den nächsten Schritt zu tun.

TIPP Anstatt das Gespräch krampfhaft anzukurbeln, bleiben Sie locker. Den größten Eindruck machen Sie, wenn Sie sich wirklich entspannt zurücklehnen können und das Schweigen zwischen Ihnen genießen. Seien Sie einfach präsent, ganz bei sich und freuen Sie sich an ihrer Anwesenheit. Genuss erzeugt Attraktivität!

DAS FOLGE-DATE

Als Mann entscheiden Sie, wann es Zeit ist, sich für diesen Abend zu verabschieden. Wenn Sie das nicht tun, zwingen Sie die Frau, in die männliche Energie zu gehen und das Zepter in die Hand zu nehmen. Damit wird sie sich nicht wohlfühlen. Also ergreifen Sie auch in diesem Punkt die Initiative. »Mmmh, der kurze Moment mit dir hat meinen Abend versüßt. Ich danke dir dafür.« Wenn Sie sich so verabschieden, haben Sie ihre volle Aufmerksamkeit. Lassen Sie sich überraschen, was ihr einfällt, um wieder mit Ihnen ins Gespräch zu kommen! Sie jedenfalls haben jetzt zwei Möglichkeiten: Sie können es bei Ihrer Verabschiedung belassen, ohne ein weiteres Date zu vereinbaren. Dann melden Sie sich bei ihr am nächsten Tag per SMS und fragen sie beispielsweise, ob sie am Wochenende Lust hat, mit auf einen Flohmarkt zu gehen. Wenn Sie hingegen das Bedürfnis haben, ihr Ihr Interesse an einem weiteren Treffen gleich zu signalisieren, dann verabschieden Sie sich mit einer konkreten Aussage. Frauen fühlen sich verunsichert, wenn Ihre Aussagen schwammig sind. Lassen Sie sie wissen, dass Sie sie wiedersehen wollen. Seien Sie dabei nicht unterwürfig, sondern geben Sie sich selbstsicher. Machen Sie einen konkreten Vorschlag für ein nächstes Treffen und reden Sie nicht um den heißen Brei herum. Behalten Sie die Zügel in der Hand.

Sebastian ist nach dem Seminar noch mit Patricia einen Kaffee trinken gegangen. Sie gefällt ihm. »Hast du Lust, mir morgen noch ein wenig die Stadt zu zeigen? Mein Flug geht erst abends zurück nach Hause«, fragt er. Patricia ist verwirrt. Will Sebastian sie wiedersehen oder braucht er einen Fremdenführer?

Sabine leert vormittags ihren Briefkasten. Nanu? Ein Brief ohne Absender. Als sie ihn aufmacht, ist darin eine

Kinokarte. Eine einzelne. Und ein Zettel: »Ich freue mich darauf, neben einer so aufregenden Frau zu sitzen.« Absender: »Lass dich überraschen.« Natürlich ist Sabines Neugier geweckt und sie geht zu dieser Filmvorführung. Und anschließend noch mit ins Café …

GROSSZÜGIGKEIT WIRD BELOHNT

In grauer Vorzeit beschützten die Männer ihre Familie vor dem Säbelzahntiger und brachten die Beute – das Holz oder das Mammut – in die gemeinsame Höhle. Die Frauen haben diese Gaben in Wärme für das Heim und in Essen umgewandelt. Damit haben sie den Mann wiederum befähigt loszuziehen, um neue Gaben zu beschaffen. Heute ist der Kreislauf ähnlich. Platt gesagt könnte man es so darstellen: Männer bringen Gaben und Sicherheit, also Geld und Schutz – und Frauen geben Wohlbefinden und Energie, sprich Lebensfreude, Sinnlichkeit und Sex.

Also finden Sie Gelegenheiten, um sich großzügig zu erweisen. Keine Angst, Sie müssen dafür keinen Kleinkredit aufnehmen. Spendieren Sie ihr einen Kaffee oder laden Sie sie ins Kino ein. Und klären Sie vorher, wer zahlt: Sie – zumindest beim ersten Treffen. Es geht um die Geste. Die Frau sucht instinktiv nach einem Ernährer und Beschützer für die Familie. Wenn Sie die kulturelle Fassade einreißen, bleibt genau das übrig. Also beweisen Sie ihr Ihre Bereitschaft und Fähigkeit, genau das zu leisten. Es ist unsere Kultur, die diese Werte über Jahrtausende entwickelt hat und durch sie geprägt wurde.

Yvonne und Helmut sind gemeinsam essen. Sie haben vereinbart, die Rechnung zu teilen. Yvonne isst einen Salatteller, während Helmut sich eine Vorspeise und ein Steak bestellt. Als der Kellner die Rechnung bringt, lässt Helmut die Rechnung nicht durch zwei teilen, sondern bezahlt komplett. »Leider muss ich unsere Vereinbarung dieses eine Mal brechen. Du hast ja kaum etwas gegessen im Vergleich zu mir.« Yvonne lächelt und bedankt sich.

Achten Sie auf die Dosierung Ihrer wertschätzenden Gesten. Sie sollten zum Anlass und zum Fortschritt Ihrer Beziehung passen. Andernfalls kann es leicht passieren, dass sich die Frau nicht wohlfühlt und zurückzieht.

Zum zweiten Date kam Erik mit einer einzelnen weißen Rose. »Mal sehen«, meinte er schmunzelnd zu Petra, »vielleicht wird sie bald dunkelrot.« Petra war total gerührt und umarmte ihn innig.

Dirk hatte sich mit Claudia getroffen und war fasziniert von ihr. Er ließ ihr vom Blumendienst 50 rote Rosen schicken. Claudia war irritiert, sie fand es übertrieben. Nach ihrem nächsten Treffen sandte Dirk ihr einen riesigen Teddybären. Claudia ergriff nun endgültig die Flucht. Das war ihr einfach zu viel.

Beim ersten Date erzählte Ruth Hendrik begeistert von ihrer Leidenschaft für Tee. Bei der nächsten Verabredung überreichte Hendrik ihr ein wertvolles Teeservice. Ruth schreckte innerlich zurück. Sie fühlte sich durch das überdimensionierte Geschenk zu Beginn ihrer Bekanntschaft gekauft. Lieber wäre ihr gewesen, er hätte ihr ihre Lieblingssorte Tee mitgebracht.

Das Gespräch zwischen René und Bianka bei ihrem ersten Treffen war sehr tiefgründig. René ist nicht entgangen, dass Bianka ein Faible für asiatische Lebensweisheiten hat. Als er sie einige Tage später trifft, schenkt er ihr eine Postkarte mit einem buddhistischen Sinnspruch. Bianka strahlt.

DIE KUNST DER BERÜHRUNG

Berührung ist wichtig, sie ist Ihr Start in eine tiefere Begegnung. Damit bilden Sie eine Brücke zum Herzen der Frau. Damit signalisieren Sie ihr Ihr tiefer gehendes Interesse. Zudem führt die Berührung gerade bei Frauen zu chemischen Reaktionen im Körper. Hormone werden freigesetzt, welche die Anziehung und das Verlangen steigern.

Als Richard Gere mit Julia Roberts in *Pretty Woman* ins Hotel geht, legt er auf dem Weg zum Aufzug leicht den Arm um sie. Damit gibt er sanft die Richtung vor, ohne aufdringlich zu sein. Zugleich signalisiert er ihr damit seinen Schutz. Er führt sie genau so lange, wie es nötig ist. Er hält sie nicht fest und lässt sie auch nicht wie eine heiße Kartoffel los.

Viele Männer sind unsicher, wie sie den Körperkontakt mit einer Frau gestalten sollen. Sie tätscheln sie mehr, als sie zu berühren. Sie streifen sie eher, als sie kräftig und fest zu berühren. Manche gehen zu unvermittelt vor, statt ihr langsam die Hand auf den Arm zu legen. Männer, die sich trauen, eine Frau natürlich und ungezwungen zu berühren, gewinnen an Attraktivität. Berührt ein Mann die Frau hingegen ängstlich wie einen Schmetterling, der dadurch nach der Berührung nicht mehr fliegen kann, wird er bei ihr nicht punkten. Timing und Intensität sind wichtige Stellgrößen, damit eine Frau die Berührung als angenehm empfinden kann. In unseren Seminaren üben wir daher, wie der Mann behutsam und sicher auf Tuchfühlung gehen kann.

TIPP Viele Gesten, die scheinbar ganz beiläufig geschehen, haben große Wirkung auf die Frau. Wenn Sie zum Beispiel mit ihr im Restaurant zum Tisch gehen, können Sie ihr den Stuhl zurechtrücken und sie dabei am Rücken berühren. Wenn Sie ihr aus der Jacke oder in den Mantel helfen, können Sie Ihre Hand auf ihre Schulter legen. Durch diese sanften Berührungen schaffen Sie Vertrauen und schenken der Frau ein gutes Gefühl. Sie wartet dann auf mehr.

Bringen Sie die Frau dazu, Ihre Berührung zu wollen. Bringen Sie sie zum Strahlen, senden Sie ihr Ihr Verlangen mit den Augen, öffnen Sie sie mit Humor. Nicht mit flacher Komik, sondern mit Spaß aus dem Bauch heraus. Das funktioniert aber nur, wenn Sie die Frau dort abholen, wo sie gerade steht. Das heißt, wenn sie von einem grausigen Tag müde und verspannt ist, werden Sie mit einem Spiel nichts erreichen. Sie müssen zuerst die Spannung lösen, dann können Humor und Spiel greifen. Ansonsten verpuffen die besten Bemühungen. Stellen Sie sich also auf die Frau ein, lassen Sie sie ankommen. Seien Sie präsent und lassen Sie das Gespräch sachte beginnen.

Beobachten Sie ihre körperlichen Reaktionen. Achten Sie auf ihre Gesichtsfarbe, ihren Kiefer, ihre Atmung und auf die Lockerheit ihrer Bewegungen. Sie geben Ihnen den roten Faden vor. Denn wichtig ist, dass Sie zur rechten Zeit Taten folgen lassen. Wenn Sie sie zu lange auf eine Berührung warten und zappeln lassen, vergeht ihr die Lust. Passen Sie also auf, dass Sie rechtzeitig die Initiative ergreifen.

Das Gefühl von Vertrauen wächst nicht nur im Herzen, sondern auch über den Hautkontakt. Machen Sie sich die körperlichen Reaktionen und das Körpergedächtnis zunutze: Die Haut steht in Verbindung mit der Thymusdrüse.

Hier aktivieren Sie ihr Immunsystem. Und wenn das aktiv ist, sendet es ein Gefühl von Wärme und Liebe in ihren ganzen Körper. Gehen Sie also behutsam vor, berühren Sie sie ganz sanft. Das wird sie im positiven Sinn nervös machen. Sie beginnt sich zu entspannen. Wenn sich ihr Kiefer entspannt, wirkt ihr Gesicht dadurch länger und strahlender. Gratulation – Sie haben einen wichtigen Meilenstein erreicht!

Die Entspannung im Kiefer dehnt sich über den Nacken und Rücken in den ganzen Körper aus. Der Kreislauf und die Durchblutung werden angeregt. Achten Sie also immer auf Veränderungen der Hautfarbe. Sie ist Ihr Barometer. Daran erkennen Sie, ob Sie Entspannung oder Anspannung erzeugen. Wenn Sie auf dem richtigen Weg sind, erkennen Sie das an ihrer rosigeren Haut. Wenn Sie das erreicht haben, wird auch ihre Atmung tiefer. Auch das bleibt Ihnen nicht verborgen. Die Atmung ist wie warmes Feuer, das die Glut entfacht. Die Gefühle der Frau werden stimuliert und es wird ihr warm ums Herz. Jetzt haben Sie den Kreis geschlossen. Die Entspannung schreitet voran. Durch die tiefe Atmung entspannt sich der Körper weiter, schließlich auch das Zwerchfell. Jetzt kann der ganze Unterkörper im Rhythmus mitschwingen. Sie ahnen es schon: Das Eis ist geschmolzen!

Starten Sie, wenn sie entspannt und Ihr Gespräch im Fluss ist, mit winzigen Berührungen. Wie gesagt: Warten Sie damit nicht zu lange, denn Sie signalisieren damit Ihr Interesse – sowohl partnerschaftlich als auch sexuell. Die Berührungen können Sie wie zufällig einstreuen, zum Beispiel:

– Berühren Sie den Stoff ihrer Kleidung und fragen Sie: »Fühlt sich das wirklich so kuschelig an, wie es aussieht?«

- Entfernen Sie einen Fussel von ihrer Kleidung.
- Fassen Sie während des Gesprächs an ihren Unterarm oder Ellenbogen.
- Legen Sie Ihre Hand auf ihren Arm.
- Stupsen Sie sie freundschaftlich an der Schulter.
- Nehmen Sie ihre Hand in die Ihrige.
- Legen Sie, wenn Sie gehen, den Arm um sie.

Wenn sie verspannt und gestresst ist, fragen Sie: »Wo tut es dir besonders weh? Mehr im Nacken oder an der Schulter?« So bringen Sie sie dazu, in ihren Körper hineinzuhören. Sie fühlt jetzt, wo der Druck und der Schmerz sitzen, und geht mit ihrem Körpergefühl in Kontakt. Genau die Ebene, die Sie brauchen. Jetzt erzählen Sie ihr von Ihrer sensationellen Massage – und bieten ihr eine sofortige Kostprobe von diesem lockernden Genuss an.

Keine Sorge, wenn ihr Ihre Berührung nicht behagt, werden Sie es gleich erfahren. Wenn sie Ihre Hand aber nicht wegschiebt, sind Sie auf dem richtigen Weg!

TIPP Entscheiden Sie, wie lange die Berührung dauert! Entscheiden Sie, wie lange Sie Ihre Hand auf ihrem Arm liegen lassen und wann Sie sie wieder wegnehmen. Damit setzen Sie kleine, wichtige Signale. Die Frau spürt, dass Sie das Zepter in der Hand haben – das macht sie an. Sie wartet auf mehr. Lassen Sie eine Anerkennung folgen und geben Sie entsprechende Laute von sich. Brummen und Töne, die aus Ihrem Herzen kommen, transportieren Ihre Schwingung. Es braucht nicht viele Worte!

Astrid und Bernd hatten ihr erstes Date. Sie trafen sich im Restaurant zum Essen. Nachdem sich beide ausführlich über ihre zurückliegenden Beziehungen ausgelassen hatten, stand der Abend schon knapp vor einem unrühmlichen Ende. Sie wollten noch in ein nahe gelegenes Café. Der Weg dahin führte über holpriges Kopfsteinpflaster. Astrid trug Schuhe mit hohen Absätzen und hatte ihre liebe Mühe bei jedem Schritt. Eine Treppe nahte. Da nahm sich Bernd ein Herz, hob Astrid hoch und trug sie auf seinen Armen kurzerhand die Treppe hinunter. Damit riss Bernd das Ruder herum: Er hat mit dieser männlichen Energie Astrids Herz erobert! Was soll ich sagen – heute sind sie längst verheiratet!

Was auch immer Sie tun, seien Sie sich bewusst: Sie wollen ihr Entspannung und Vergnügen bereiten. Ihre Mission ist es, ihr Heiler zu sein. Überfallen Sie sie nicht, sondern laden Sie sie zum Körperkontakt ein! Machen Sie es ihr leicht, sich berühren zu lassen. Dann fühlt sich Ihre Berührung für sie nicht wie ein Antatschen oder Grapschen an, sondern Sie bringen ihr Leichtigkeit und Spaß. Das schafft Vertrauen und weckt Neugier – zehnmal mehr als auf rein gefühlsmäßiger Ebene. Und die ist der rein geistig-intellektuellen Ebene haushoch überlegen, denn sie bewirkt Emotionen. Berührung schafft also Neugierde auf der physischen Ebene. Das ist die hohe Schule.

Während Sie Teile ihres Körpers mit den Händen kennenlernen, hat sie die Gelegenheit zu spüren, ob es ihr angenehm ist oder nicht. Sie sind nicht dazu da, ein Problem zu lösen, sondern ihr Freude zu bereiten. Wenn es ihr gefällt, wird sie Sie Schritt für Schritt durch ihre Gestik, ihre Mimik oder kleine Berührungen einladen, sie weiter zu berühren. Sie wird es genießen und mehr wollen.

Spüren Sie hinein, wie nahe Sie der Frau bei der Begrüßung oder beim Abschied kommen können und ob es ihr noch angenehm ist. Ihre diesbezügliche Wahrnehmungsfähigkeit wird sich im Lauf der Zeit steigern. Sie können sie auch gut mit einer Freundin trainieren, mit der Sie Rücksprache halten können. Wenn Sie das Gefühl haben, die Frau wünscht Ihre Nähe, können Sie sie wie zufällig an Arm oder an der Schulter berühren. Im besten Fall werden Sie dann ein Knistern zwischen sich empfinden.

TIPP Sie können den Effekt Ihrer Berührungen noch verstärken, indem Sie energetische Heilweisen oder Energiearbeit erlernen. So wird die Frau bei jeder Ihrer Berührungen spüren, wie die Energie zwischen Ihnen fließt.

Es gibt viele Gelegenheiten, die es Ihnen erleichtern, die Frau zu berühren – ohne dass Sie Bedenken haben müssen, ob sie das will oder nicht:

Gehen Sie dorthin, wo getanzt wird. Und damit meine ich jetzt nicht in die Disco, sondern zu Salsa- oder Gesellschaftstanz-Abenden. Nirgends sonst können Sie so sicher sein, dass die Frauen dort berührt werden wollen. Schließlich übernehmen Sie beim Tanz als Mann die Führung – und dazu berühren Sie sie beinahe unablässig.

Oder eignen Sie sich einige Grundkenntnisse über das Handlesen an. So schlagen Sie zwei Fliegen mit einer Klappe: Sie gibt Ihnen bereitwillig ihre Hand und Sie können sie mit Ihrem Wissen und einer humorvollen »Verpackung« beeindrucken.

Auch ein Massagekurs oder ein Seminar über Akupressur, Shiatsu-Energiearbeit oder Ähnliches ist ohne gegenseitige Berührung nicht denkbar. Wenn Sie es noch intensiver haben wollen, gehen Sie in ein Tantraseminar oder zu einem Kuschelabend. Zugleich lernen Sie hier noch, wie Sie durch den Körperkontakt eine tiefe Verbindung und Wohlgefühl aufbauen können.

TIPP Begrüßen Sie Ihre Auserwählte mit schwungvoller Leichtigkeit. Heben Sie sie sanft hoch und wirbeln Sie mit ihr einmal um die eigene Achse. Es gibt nur wenige Frauen, die hier nicht dahinschmelzen.

DIE KUMPELFALLE

Manche Männer sind zögerlich. Sie trauen sich nicht. Sie haben nicht den Mut, auch mal etwas zu riskieren. Sie erzählen und erzählen. Sie helfen und helfen. Und landen damit nicht bei ihrer Auserwählten. Dahinter steckt die Angst, sich womöglich einen Korb zu holen. Diese Männer haben oft Angst, ihre Grenzen zu überwinden, anderen gegenüber eine Grenze zu setzen oder etwas falsch zu machen. Meistens fehlt ihnen ein gefestigtes Verständnis ihrer männlichen Rolle, sie sind unsicher und hadern mit ihrem Selbstwertgefühl. Eine Frau erkennt solche Männer instinktiv. Sie wittert Schwäche und selektiert solche Männer bewusst oder unbewusst als für die Fortpflanzung ungeeignet aus.

Um sexuelle Anziehung zu erzeugen, bringen Sie asexuelle Strategien nicht weiter. Was es braucht, ist männliche Energie, wie Kühnheit, Berührung und Initiative. Auch auf die Gefahr hin, sich die Finger zu verbrennen: Wer nicht wagt, der nicht gewinnt.

TIPP Wenn Sie eine Frau, an der Sie interessiert sind, fragt, ob Sie helfen können, dann tun Sie es. Während Sie ihr helfen, spätestens allerdings beim Glas Wein hinterher, beginnen Sie mit ihr zu flirten. Wenn es passt, nehmen Sie ihre Hand, gehen Sie auf Tuchfühlung. Die aktive Rolle liegt bei Ihnen.

Hans berichtet im Seminar genervt: »Das erste Mal habe ich ihr drei Stunden einen Schrank aufgebaut. Dann sollte ich eine Lampe aufhängen. Das nächste Mal eine Klospülung reparieren. Ich hatte mir schon mehr als ein Dankeschön erhofft. Denkste. Da hat es mir dann gereicht. Ein viertes Mal gab es für mich nicht mehr.«

Max hatte sich in Susi verguckt. Die war aber noch ganz im Kummer über ihre letzte Beziehung gefangen. Stundenlang hat sie Max davon erzählt. Der hat es sich geduldig angehört, hat ihr Tee gekocht, hat sie getröstet. Susi bedankte sich überschwänglich, sagte aber, für eine neue Beziehung sei sie noch nicht bereit. Trotzdem war Max weiter zur Stelle, wenn er gebraucht wurde. Und eines Tages hatte Susi einen neuen Partner – es war nicht Max, der hatte das Nachsehen. Er hatte für Susi zu viel des Guten getan.

Natürlich sollten Sie die Frau unterstützen und ihr helfen. Allerdings und insbesondere zu Beginn des Kennenlernens nur ein paar Mal und für begrenzte Zeit. Dann ist es gut, dann reicht es. Verabreden Sie eine Zeitdauer mit ihr: »Okay, ich merke, das belastet dich. Weine dich eine Stunde aus, dann reden wir von etwas anderem.« Oder geben Sie ihr ein Stoppsignal: »Ich kann dir jetzt helfen, Spaß zu haben, aber deine Vergangenheit kann ich nicht ändern.« Hören Sie sich also die Story vom Ex oder den Liebeskummer nicht immer wieder an. Das ist zu viel verlangt und auch nicht sexy. Dafür hat sie ihre Freundinnen.

Wenn Sie ein Regal nach dem anderen für sie aufbauen oder den Computer reparieren und im Gegenzug auf Liebe hoffen, agieren Sie aus dem Ego heraus. Sie wollen das Problem für sie lösen und hoffen auf einen Ausgleich. Das ist nicht die zielführende Art, um ihr Herz zu erreichen. Verstehen Sie es nicht falsch: Wenn die Liebe da ist, ist es selbstverständlich, dass Sie ihr helfen. Umgekehrt funktioniert es aber nicht! Sie landen unweigerlich in der Kumpel-Schublade. Und da wieder rauszukommen, ist richtig anstrengend.

Erwarten Sie nicht, dass die Frau Sie auserwählt, weil Sie so nett sind. So funktioniert das nicht. Überprüfen Sie, welche Erfolgsrezepte Sie in Ihrer Kindheit erworben haben. Sie spielen Ihnen in der Gegenwart oft einen Streich. Die Eigenschaften, die Sie als Kind ausgeprägt haben, um die Liebe Ihrer Eltern und Ihrer Umgebung zu erhalten, können jetzt hinderlich werden. Nämlich dann, wenn Sie sie einsetzen, um Ihr Ziel zu erreichen. Dann werden sie kontraproduktiv. Lassen Sie mich das etwas genauer erklären.

Jedes Kind merkt irgendwann, dass es nicht mehr reicht, einfach nur da zu sein. Es erntet ein Nein für ein bestimmtes Verhalten. Ein neues Geschwisterchen kommt und nimmt die Aufmerksamkeit der Eltern ganz für sich in Anspruch. Oder was auch immer. Jetzt entwickelt das Kind eine ganz individuelle, eigene Strategie, um weiterhin ans Ziel (die Liebe und Aufmerksamkeit der Eltern) zu gelangen. Bestimmte Verhalten werden ausprobiert und Eigenschaften werden ausgebildet, um die Liebe weiterhin zu erhalten. Das Kind sucht sich thematisch ein Feld aus, das in der Familie noch nicht besetzt ist. Wenn also der Bruder durch besonderen Ordnungssinn auffällt, wird die Schwester dem sicher nicht nacheifern. Sie verlegt sich eventuell aufs Nettsein, Fröhlichsein, Helfen oder auf Ehrgeiz.

Tobias war als Kind sehr nett und freundlich. Das hat ihm bei der Mutter viele Pluspunkte eingebracht. War er doch immer das liebe Kind, das keinerlei Probleme machte. Heute enden die Bekanntschaften von Tobias häufig damit, dass er für die Frau der nette Freund ist. Er ist Vertrauter, Tröster, Handwerker und Kamerad, aber leider nicht der Liebhaber. Die ständige Freundlichkeit und die Anpassung an die Wünsche der Frau lässt sie kein Profil erkennen. Tobias hat in ihren Augen keine Ecken und Kanten. Sein wahres Wesen, sein Charakter ist für sie nicht erkennbar.

Thomas war schon als Kind sehr eigenständig und eher in sich gekehrt – sehr zur Freude seiner Mutter, denn so konnte sie sich eher um seine kleine Schwester kümmern. Heute irritiert Thomas seine Frauenbekanntschaften, denn er spricht nicht über seine Gefühle, zeigt keinerlei Anflüge von Romantik. Seine »Erfolgsstrategie« von früher bremst ihn bei den Frauen aus.

Dietmars Mutter lobte an ihrem Kind vielfach dessen Verantwortungsbewusstsein und Vorsicht. Heute stehen Dietmar diese ausgeprägten Eigenschaften des Öfteren im Weg. Als Corinna ihm ihren Wunsch nach einer Cabriofahrt offenbart, hat er sofort Bedenken: »Oh, das ist nichts für mich. Ich habe lieber ein Dach über dem Kopf. Da erkälte ich mich ja sofort.« Corinna schreckt zurück, sie hat nicht den Eindruck, dass man mit Dietmar Spaß haben kann.

Der kleine Walter begeistert die Erwachsenen mit seiner Wissbegierde. Sie sind beeindruckt von seiner Intelligenz und Beredsamkeit. Heute empfinden es die Frauen, mit denen Walter ausgeht, als anstrengend: Er versucht mit Wissen zu allerlei Themen zu glänzen. Doch keine seiner Bekanntschaften will sich in diesem vermeintlichen Glanz sonnen. Sie selbst kommen nicht zu Wort. Walter weiß alles besser und versäumt es, Fragen zu stellen und sich für sein Gegenüber zu interessieren.

Sicher, Ihre in der Kindheit erworbene Erfolgsrezeptur wandelt sich im Lauf der Jahre. Sie ergänzen sie in den Phasen Ihres Lebens um weitere, scheinbar wirkungsvolle Eigenschaften. Somit steht Ihnen ein gewisses Repertoire zur Verfügung. Was auch immer Ihr Erfolgsrezept ist, spüren Sie es auf und machen Sie es sich bewusst. Dann können Sie in jeder Situation für sich prüfen, ob Sie diese Verhaltensweise gerade unkontrolliert zeigen und vielleicht sogar dabei sind zu übertreiben oder ob es nicht vielleicht sinnvoller wäre, sich anders zu verhalten. Wenn Sie merken, dass Sie wieder nach altem Schema agieren, halten Sie sich selbst das Stoppsignal vor! Treffen Sie die Entscheidung, damit aufzuhören. Denn dann haben Sie die Wahl, eine andere, besser geeignete Verhaltensweise an den Tag zu legen. Fragen Sie sich daher:

- Tue ich das jetzt, um Aufmerksamkeit, Liebe oder Zuwendung zu bekommen?
- Mache ich das gerade, um gut dazustehen?
- Bringt mich das jetzt weiter?
- Bin ich gerade so, wie ich selber sein möchte, oder verbiege ich mich, um den vermeintlichen Erwartungen zu entsprechen?
- Vermeide ich gerade etwas?

Hier einige Eigenschaften, die Sie in den Augen einer Frau interessant machen:

- Rebell sein, charmant provozieren
- Abenteurer sein, etwas wagen
- Humor
- leistungsbereit sein
- einfühlsam und aufmerksam sein

Diese Eigenschaften machen Sie für die Damenwelt auf den ersten Blick attraktiv. Später in einer Partnerschaft können sie sich in dem Moment nachteilig auswirken, wenn Sie sie als Ihr universelles Erfolgsrezept einsetzen. Und zwar genau dann, wenn Sie sie häufig anwenden, um Aufmerksamkeit und Liebe zu erhalten, die Sie sonst nicht bekommen würden. Automatisch setzen Sie dann unbewusst zu viel davon ein – auch in Situationen, wo andere Verhaltensweisen sinnvoller wären.

Diese Erfolgsrezepte haben nämlich einen Haken: Sie passen nicht immer. Zudem haben sie die Eigenschaft, zum Selbstläufer zu werden. Das heißt, wenn Sie bemerken, dass Sie mit Ihrem Erfolgsrezept (noch) nicht zum Ziel gekommen sind, verstärken Sie es unbewusst, frei nach dem Motto »Mehr hilft mehr«. Sie wollen damit das vermeintliche Manko in Ihrem Kopf »Ich bin nicht gut genug, um meiner selbst geliebt zu werden« verdecken. Wenn Sie merken, die Frau liebt Sie nicht, dann setzen Sie Ihre vermeintliche Wunderstrategie umso mehr ein. Und weil sich der gewünschte Effekt immer noch nicht einstellt, werden Sie noch unsicherer. Sie werfen also noch mehr davon in die Waagschale – schon sind Sie in einem Teufelskreis gefangen. Und katapultieren sich damit selbst ins Aus.

Joachim ist frisch verliebt. Sibylle wohnt leider nicht um die Ecke, sondern zwei Stunden entfernt. Sie ist stark erkältet. Joachim setzt sich ins Auto, fährt zu ihr. Er bringt ihr Hustensaft, räumt für sie auf, kocht Tee für sie. Er rennt, macht und tut. Er hilft, wo er kann. Einige Zeit später erklärt ihm Sibylle: »Ich habe mich verliebt – in einen anderen.«

Jonas kniet sich beruflich voll rein, denn er will schließlich erfolgreich sein und etwas darstellen. Er ist fleißig, macht Fortbildungen und Überstunden. Statt ihn – wie in seinen Augen unabdingbar – dafür anzuerkennen, schüttelt Susanne innerlich den Kopf: »Entweder ist er auf einer Fortbildung oder bei der Arbeit. Er hat sowieso keine Zeit für etwas anderes. Das ist nichts für mich.«

Michael kommt bei seiner Flamme nicht weiter. Er fährt am Wochenende mehrere Stunden mit seinem Auto, um sich mit ihr zu treffen. Er hört sich geduldig die Geschichten vom bösen Chef an, führt sie zum Essen aus. Er ruft regelmäßig an und lauscht ihren Alltagsberichten, tröstet, wo es nötig erscheint. Er ist rundum nett zu ihr. Auch Wochen später kann er immer noch keinen Kuss erhaschen. Irgendwann teilt sie ihm mit: »Dieses Wochenende brauchst du nicht zu kommen, ich treffe mich mit Klaus. Ich glaube, ich habe mich in ihn verliebt!«

Was sind nun die »Erfolgsrezepte«, welche die Kumpelfalle für Sie gefährlich nahe rücken lassen?

- angepasst sein
- nett sein
- hilfsbereit sein
- unauffällig sein
- vorsichtig sein
- sachlich sein
- vernünftig sein
- seine Emotionen nicht zeigen

Mit diesen Automatismen orientieren Sie sich nur an den anderen: Was wollen die? Früher war es die Mutter, jetzt ist es die potenzielle Partnerin. Dadurch bringen Sie sich um Ihre Chancen. Wenn Sie diese Verhaltensmuster in Ihrer Kindheit verinnerlicht haben, fällt es Ihnen zum Beispiel schwer, andere in die Schranken zu weisen. Es fällt Ihnen schwer, anderen zu sagen, wo es langgeht. Und es fällt Ihnen auch schwer, Ihre eigenen Wünsche zu äußern und für sie einzustehen. Klar, Sie sollten für die Frau da sein. Aber geben Sie sich selbst dabei nicht auf. Das macht Sie nur fremdbestimmt und angepasst. Und das ist weder attraktiv noch sexy.

Lernen Sie, wie Sie Konflikte positiv bewältigen können. Dann müssen Sie sie nicht länger um jeden Preis vermeiden. Lernen Sie also, sich so zu äußern, dass es keinen

Krach gibt – auch wenn Sie anderer Meinung sind. Wenn Sie wissen, wie Sie verbal konstruktiv mit schwierigen Situationen umgehen können, dann trauen Sie sich auch zu handeln. Ansonsten werden Sie jedes Mal innerlich erstarren und Ihr Muster kontraproduktiv verstärken. Sie halten dann den Mund, um die trügerische Harmonie nicht zu gefährden. Doch damit geben Sie sich selbst auf und werden zudem für die Frau auch noch langweilig und anstrengend. Sie werden immer unsicherer und beschwören damit unbewusst immer mehr solcher Situationen herauf. Also, packen Sie es an und arbeiten Sie an sich. Lernen Sie, wie Sie mit Konflikten anders und leichter umgehen können. Üben Sie sich in Kommunikation, erkennen Sie, wie Sie unangenehme Dinge mit Humor und Spaß, aber auch klar und bestimmt ansprechen können. Damit verlieren Sie Ihre Hilflosigkeit und sind somit automatisch authentischer und selbstsicherer.

TIPP Frauen erkennen sehr wohl an, wenn Männer mutig ihre Beschränkungen überwinden. Wenn sie in für sie unangenehmen Situationen Entschlossenheit und Kühnheit beweisen. Dann strahlen Sie männliche Stärke und Souveränität aus – dann ist Ihr Magnet an!

WEGE AUS DER KUMPELFALLE

Wenn Sie einmal in der Kumpelfalle feststecken, gibt es nur einen Weg, da wieder rauszukommen: Ändern Sie Ihr Verhalten! Riskieren Sie, dass die Frau geht. Wenn Sie sie noch nie berührt haben, wird es Zeit, dass Sie es tun. Wenn Sie sich ständig ihre Sorgen und ihren Kummer angehört haben, ist es Zeit, dass Sie sagen: »Heute reden wir über etwas anderes.« Wenn Sie ständig greifbar waren, ist es an der Zeit, dass Sie sich rar machen. Geben Sie ihr sozusagen nur noch Appetithäppchen von Ihnen, damit sie hungrig nach mehr wird. Bisher haben Sie ihr wahrscheinlich bei der kleinsten Anfrage gleich ein Fünf-Gänge-Menü von Ihnen serviert. Kein Wunder, dass sie satt von Ihnen ist.

Ändern Sie also Ihre Verhaltensmuster! Ändern Sie Ihr Auftreten ihr gegenüber. Am besten aber nicht schrittweise, denn diese Salamitaktik ist für Sie enorm anstrengend und fast unmöglich durchzuhalten. Nein, machen Sie es sich leichter (auch wenn es zunächst nicht danach klingt): Halten Sie sich in der Kennenlern-Phase einige Zeit fern von ihr. Und einige Zeit heißt mehr als zwei oder drei Wochen! Meiden Sie jeden Kontakt oder reduzieren Sie ihn auf das Minimum. Und danach gehen Sie wieder völlig anders auf sie zu: verführerisch, unmissverständlich, mit klarer Botschaft.

Und wenn sie Sie abblitzen lässt: Okay, Sie haben es versucht. Was nicht sein soll, soll nicht sein. Sehen Sie es so: Zumindest sind Sie jetzt nicht mehr ihr Aushilfshandwerker, Seelentröster oder Notnagel.

Manchmal müssen Sie den Spieß auch umdrehen und die Frau »kommen« lassen:

Dirk ging immer wieder abends in Bars. Gab attraktiven Damen Drink um Drink aus. Ohne Erfolg, er konnte nicht landen. Als er begann, Abendkurse zu leiten, zeigten viele seiner Teilnehmerinnen Interesse an ihm als Mann. Vorher war Martin der Jäger – jetzt steht Dirk im Mittelpunkt und lässt sich umwerben.

Das können Sie sinnbildlich auch auf Sie übertragen. Wenn Sie Ihrer Angebeteten zu ergeben sind, dann tauschen Sie unbemerkt die Rollen. Sie zwingen sie damit indirekt, in die Rolle der Handelnden zu gehen – und Sie haben damit unweigerlich die passive Rolle übernommen. Bleiben Sie aber nicht zu lange in dieser passiven Rolle: Sie ist weder männlich noch anziehend – vor allem nicht in körperlicher oder sexueller Hinsicht.

RAUS AUS DER KOMFORTZONE

Früher oder in anderen Kulturen wurden bzw. werden Kinder auf ihrem Weg zum Erwachsensein durch Rituale und Zeremonien unterstützt. Das fehlt in unserer Gesellschaft. Die Körper werden zwar ganz von allein erwachsen, der Geist jedoch muss sich das selbst erarbeiten. Das bedeutet für Sie, dass Sie Ihre erlernten Verhaltensweisen um neue ergänzen müssen. Und wenn Sie neue Verhaltensweisen lernen wollen, heißt das auch, in die damit verbundene Angst zu gehen. Sie können nur wachsen, indem Sie Ihre Komfortzone verlassen.

Wenn es für Ihre Eltern wichtig war, dass Sie als Kind immer nett und brav waren, dann haben Sie heute vermutlich gewisse Schwierigkeiten, Frauen anzusprechen. Ihre in anderen Situationen durchaus sinnvolle Verhaltensweise ist beim Kennenlernen von Frauen eher hinderlich. Vornehme Zurückhaltung und Nicht-aufdringlich-sein-Wollen bringen Sie Ihrem Ziel nicht näher. Während andere Männer Frauen scheinbar mühelos ansprechen, haben Sie

Angst, etwas falsch zu machen. Genau in diesem Fall ist es wichtig, dass Sie diese Angst überwinden und in Aktion gehen.

Am besten verlassen Sie Ihre Komfortzone, indem Sie Frauen ansprechen, bei denen Ihr Adrenalinspiegel niedrig bleibt. Beginnen Sie ein lockeres Gespräch ohne Absicht, einfach nur so zum Spaß, auch wenn es sich am Anfang etwas fremdartig anfühlt. Übung macht den Meister.

Die Komfortzone, Ihre Insel der Glückseligkeit, wird im Laufe Ihres Lebens durch die Anerkennung bestimmt, die Sie damit erzielt haben. Enttäuschungen und Ängste, die Sie erlebt haben, reduzieren Ihren Verhaltensspielraum. Sie agieren nur im Gewohnten, rufen die immer gleichen Muster ab, um sich sicher zu fühlen. So sitzen Sie vielleicht jeden Abend vor dem Fernseher, statt auszugehen und Kontakte zu knüpfen. Oder Sie machen immer die gleichen Tätigkeiten, statt sich an Neues zu wagen. Sie rufen lieber die E-Mails ab, als Neukunden via Telefon zu akquirieren. Oder Sie ziehen es vor, Ihre Stelle zu behalten, anstatt den Chef zu fragen, ob er mit Ihnen zufrieden ist und wo er Ihren Weg sieht. Sie genießen lieber weiterhin das leckere Essen und das Bierchen, als Ihr persönliches Fitnessprogramm zu starten.

Es gibt tausend Beispiele für Bequemlichkeit – der Mensch ist ein Gewohnheitstier. Wenn Sie nie etwas verändern, bedeutet das jedoch, dass der Rahmen, innerhalb dessen Sie sich wohl- und geborgen fühlen, immer enger wird. Um sich selbst weiterzuentwickeln, ist es nötig, diesen geschützten Raum zu verlassen. Sie überschreiten dann die Grenze zwischen bekanntem und unbekanntem Gebiet. Ein Mann, der das Selbstbewusstsein und den Mut hat, sich auch auf unbekanntes Gebiet vorzuwagen, ist für eine Frau deutlich attraktiver.

Indem Sie Ihre Komfortzone verlassen, haben Sie die Chance, diese sogar auszudehnen. Denn wenn Sie auf ungewohntem Terrain Erfolge sammeln, fügen Sie neue Bereiche hinzu, werden langsam sicherer und erweitern somit Ihren Wohlfühlbereich. Wenn Sie Ihren inneren Schweinehund überwinden, werden Sie erst einmal Herzklopfen und Angst bekommen. Aber Ihr Mut zum Risiko wird, wenn auch nicht immer sofort, belohnt werden durch neue Erfahrungen und Erfolge.

Übung

Verlassen Sie einmal bewusst Ihre Komfortzone. Gibt es Momente, in denen Sie sich zurückhalten, obwohl Sie etwas stört? In denen Sie sich zurückgesetzt fühlen – beruflich oder privat? In denen Sie sich bequem zurücklehnen und in Ihrer Komfortzone bleiben, statt aktiv zu werden?

Fassen Sie sich das nächste Mal ein Herz: Sprechen Sie die Situation an und räumen Sie sie aus dem Weg. Starten Sie Ihr Lauftraining, räumen Sie mit ungeklärten Beziehungen auf, suchen Sie das Gespräch mit dem Chef, nehmen Sie beim Karaokewettbewerb teil, buchen Sie einen Improvisationskurs, gehen Sie auf eine Frau zu, die Ihnen gefällt, und sprechen Sie sie an.

DAS FEUER SCHÜREN UND AM LODERN HALTEN

Thomas hat sich in den Internetdschungel gestürzt und jede Menge Dates vereinbart. Dabei lernt er ein paar wirklich nette Frauen kennen. Nachdem er seinen Date-Marathon absolviert hat, steht er da und weiß nicht, welche der Damen denn nun die Richtige für ihn ist.

Peter trifft sich mit Claudia schon seit zwei Monaten. Sie haben sehr viel Spaß miteinander und unterhalten sich prima. Trotzdem ist Peter irritiert. Ihm fehlen die Schmetterlinge im Bauch. Daher beendet er die Beziehung und ist danach wieder mit seiner vorherigen Freundin zusammen. Er stürzt von einem Drama ins andere.

Manchen Männern fehlt in einer harmonischen Beziehung etwas. Sie brechen aus und suchen unbewusst turbulentere Partnerschaften, ohne zu merken, wie viel Kraft ihnen diese rauben. Indikator für eine funktionierende, tragfähige Beziehung ist jedoch eine gemeinsame Basis des Verstehens und der Interessen, nicht unbedingt das Herzklopfen. Vielmehr geht es darum, welche Frau Sie und Ihre Ziele unterstützt – und vielleicht haben Sie sogar mehrere gemeinsame Ziele?

TIPP Prüfen Sie Ihre Laune – nach dem Date mit ihr. Daran merken Sie, ob die Frau Sie emotional berührt hat. Ob ihre Schwingung in Ihnen Resonanz erzeugt. Fühlen Sie sich beschwingt und gut, dann haben Sie beide voneinander profitiert. Fühlen Sie sich hingegen wenig inspiriert oder gleichgültig, dann ist nur wenig Energie geflossen.

Sie wollen wissen, woran Sie erkennen, dass Sie wirklich zueinanderpassen? Wichtig ist, ob Ihre Vorstellungen von einer Beziehung übereinstimmen. Manche Menschen sind monogam veranlagt, andere polygam. Das ist keine Frage der Entscheidung, sondern der Veranlagung bzw. der Gene. Das gibt es im Tierreich ganz genauso. Eine bestimmte Mäuseart beispielsweise existiert in zwei Unterspezies. Diese unterscheiden sich nur durch eine Winzigkeit in den Chromosomen. Das bewirkt, dass die einen ihr ganzes Leben mit ein und demselben Partner verbringen, die anderen hingegen wechseln ständig. So gibt es auch bei Männern und Frauen solche und solche. Es gibt viele Möglichkeiten, Konzepte und Formen einer Partnerschaft. Alles ist möglich, nichts ist gut oder schlecht, aber: Es muss für beide passen!

SO BLEIBT DIE LIEBE JUNG

Oftmals verbringen Männer und Frauen eine wunderschöne Zeit miteinander. Und trennen sich dann, weil sie das Gefühl der Schmetterlinge im Bauch vermissen. Diese Schmetterlinge sind allerdings nur Ihre tanzenden Hormone. Sie tanzen in der Regel nur etwa drei Monate, mit viel Glück vielleicht ein halbes Jahr. Die einkehrende Ruhe in Ihrem Bauch bedeutet also keineswegs: »Sie ist *nicht* die Richtige«.

Das Streben nach der perfekten Partnerin, nach der absoluten Traumfrau wird von den Medien geschürt. Hollywood lässt grüßen! Die Filmindustrie kreiert ein Trugbild aus realitätsfremden Drehbüchern und schmalztriefenden Liebesromanzen. Wenn Sie dieses romantische Traumbild ganz entspannt hinter sich lassen können, dann entsteht fernab von Vergleichen der Raum, um eine wirkliche Beziehung aufzubauen. Wer die ideale Frau für Sie ist, erkennen Sie nicht an ihrem Äußeren, sondern an der Ausstrahlung und Schwingung, die zu Ihnen passen. Dort, wo Sie sich inspiriert und anerkannt fühlen, sind Sie richtig.

Hören Sie auf Ihr Herz und Ihre Intuition. Wichtig ist die Alltagstauglichkeit, nicht das Sahnehäubchen der Romantik. Wichtig ist nicht nur das tolle Picknick bei Sonnenuntergang oder der romantische Abend am knisternden Kaminfeuer. Diese romantischen Highlights sind schön und das Salz in der Suppe. Aber wichtiger ist das Basisrezept. Wichtiger ist, sie immer wieder zu überraschen, sie zum Strahlen zu bringen. Toleranz, Akzeptanz und weiter aufeinander neugierig zu bleiben. Das ist es, was auf Dauer zählt und eine bereichernde Beziehung auszeichnet.

Eines Tages wissen Sie: »Das ist meine Frau – mit der will ich alt werden!« Das Schöne daran: Diese Entscheidung brauchen Sie gar nicht bewusst zu treffen. Diese Entscheidung ist kein Punkt auf der To-do-Liste. Dieses Bewusstsein kommt zur rechten Zeit von ganz allein. Und seien Sie sicher, die Frau spürt das. Sie spürt die männliche Kraft dahinter. Sie haben sie erobert, haben ihr Herz gewonnen!

Claudia kam gestresst von einem Businesstrip nach Hause. Arnold umarmte sie zur Begrüßung und fragte: »Willst du nicht erst mal ein Bad nehmen, um auszuspannen?« »Ach ja, das ist eine gute Idee«, freute sich Claudia. Ihre Freude wuchs erst recht, als sie ins Badezimmer kam. Arnold hatte bereits eingeheizt, ein duftendes Bad eingelassen und Dutzende brennender Teelichter aufgestellt. Nach dem Bad kamen die beiden erst viel später zum Essen …!

Siegfried und Eva waren seit Jahren verheiratet. Sie wanderten durch die Fußgängerzone und kamen an Straßenmusikanten vorbei. Siegfried schnappte Eva und wirbelte sie tanzend übers Pflaster. Ihr Herz pochte ihr bis zum Hals, sie lachte ausgelassen und schaute ihm verliebt in die Augen.

Erwin war als Hausmann fürs Essen zuständig. Er kochte gerne. Manuela genoss es sehr, nach einem anstrengenden Arbeitstag nicht mehr in der Küche stehen zu müssen. Eines Tages servierte Erwin das Essen wie immer. Aber er hatte auf Manuelas Teller ein großes Herz aus Kresse um die Mahlzeit gestreut. Manuela war zu Tränen gerührt und strahlte.

Frauen beschweren sich oft, dass ihre Männer im Lauf der Beziehung zu »Gewohnheitstieren« werden. Sie selbst hingegen streben danach, sich weiterzuentwickeln, und empfinden Veränderungen als positiv. Diese Flexibilität vermissen sie an ihren Partnern. Es stört sie, wenn der Mann immer das Gleiche macht, wenn er sein bewahrendes Element zu sehr auslebt. Wie soll Albert Einstein so schön gesagt haben: »Frauen heiraten Männer in der Hoffnung, sie werden sich ändern. Männer heiraten Frauen in der Hoffnung, sie werden sich nicht ändern. Ausnahmslos sind sie beide enttäuscht.«

TIPP Bewahren Sie sich Ihre Neugier und Flexibilität. Scheren Sie auch mal aus Alltagsgewohnheiten aus und tauschen Sie den lieb gewonnenen Fernsehabend gegen ein spontanes Ausgehen mit ihr. Lassen Sie sich überraschen, welche Erfahrungen und wie viel Spaß sie mit ihren Impulsen in Ihr Leben bringt.

Es sind demnach nicht der wöchentliche Blumenstrauß oder große Geschenke, welche die Beziehung spannend erhalten. Es sind die kleinen Überraschungen, Gesten und

Aufmerksamkeiten. Planen Sie gemeinsame Zeit und Aktivitäten. Es ist Ihr Einfallsreichtum, der die Routine unterbrechen kann. Seien Sie kreativ und bringen Sie positive Abwechslung in Ihren Alltag. Damit Sie sie jeden Tag zum Leuchten bringen können, hilft Ihnen die hohe Kunst der Unterhaltung. Wenn Sie dann noch die Kunst der Beziehung hineinweben, können Sie die Aufregung im positiven Sinn ein Leben lang erhalten.

Bei jedem Treffen geht es um das gleiche Muster: Tauen Sie Ihre Herzensdame auf vom Kopf über das Herz zum Bauch! Sie ist jedes Mal wieder eingefroren durch den Alltag. Die monotone Arbeitshaltung am Computer, der Stress bei der Arbeit, das Schleppen der Einkaufstüten – all das trägt zu Verspannungen bei. Nehmen Sie dem Körper den Schmerz und dem Geist die Monotonie und helfen Sie ihr, sich zu entspannen. Denn wenn sie unter Stress steht, kann sie sich Ihnen gegenüber nicht voll öffnen. Ihr Magnet springt erst an und die Anziehung kann erst entstehen, wenn Sie ihr die Anspannung genommen haben. Ist sie schlecht gelaunt, so können Sie ihre schlechte Stimmung aufheitern, indem Sie ihr mit Humor und Liebe begegnen: Tanzen Sie mit ihr durch den Raum. Ärgern Sie sie spielerisch und küssen Sie sie dann. Drücken Sie sie fest an sich oder kitzeln Sie sie. Sind es emotionale Probleme, die Ihnen bei ihr begegnen, so basieren sie meist darauf, dass sie sich nicht geliebt fühlt. Am besten wirken Sie dem entgegen, indem Sie die Themen nicht zerreden oder analysieren, sondern ihr Ihre Liebe zeigen: Nehmen Sie sie in den Arm, schauen Sie ihr in die Augen, streicheln Sie sie, summen Sie ein Lied für sie, wiegen Sie sie sanft und beteuern Sie Ihre Liebe. So ebnen Sie ihr den Weg.

Coach Martin Sage sagt: Ich wache jeden Morgen auf und überlege als Erstes, wie ich meine Frau Mia erfreuen kann. So bringe ich ihr beispielsweise eine Tasse Tee ans

Bett, bevor sie aufsteht. Ich tue Dinge, die ein Mann normalerweise nicht tut. Ich mache den Abwasch oder bereite das Essen vor. Ich überrasche sie, indem ich ihr Auto durch die Waschstraße fahre oder ihr einen Guten-Morgen-Gruß an den Spiegel hefte.

Im Film *50 erste Dates* verliebt sich der Held in eine Frau mit krankhafter Amnesie. Er muss sich also täglich etwas überlegen, um ihr Herz neu zu gewinnen und sie zu beeindrucken. Seine Kreativität wird belohnt, schließlich heiraten die beiden und bekommen eine Tochter.

Andreas ist seit zehn Jahren verheiratet. Wenn er morgens neben Biggi aufwacht, stellt er sich vor, er sähe diese Frau zum ersten Mal. Wenn sie abends gemeinsam essen gehen, hat er in seiner Vorstellung ein Rendezvous mit einer Unbekannten.

Arndt liebt es noch immer, mit Mareike schön auszugehen. Sie sind jetzt bereits zehn Jahre verheiratet. Ab und zu entführt er sie in ein neues Restaurant. Dort rückt er ihr wie immer galant und aufmerksam den Stuhl am Tisch zurecht und fragt sie, was sie gerne essen und trinken möchte.

Auch wenn Sie wissen, welche Themen sie begeistern: Schauen Sie immer wieder genau hin auf der Suche nach Neuem. So erhalten Sie Ihre Neugierde und Offenheit. Geben Sie ihr die Möglichkeit, sich zu verändern. Wichtiger noch, nehmen Sie Veränderungen wahr. Hat sie eine neue Frisur? Ein neues Kleid? Sind ihr auf einmal andere Dinge in ihrem Leben wichtig? Viele Paare meinen sich zu kennen, stecken einander unbewusst in bestimmte Schubladen und merken nicht, wenn sich der andere weiterentwickelt. Eines Tages sind sie überrascht, wenn der Partner aus der Beziehung ausbricht – sie haben die Wandlung des anderen gar nicht mitbekommen.

Die Vorstellungen von Urlaub gehen bei Svenja und Marc weit auseinander. Svenja liebt Wellness, Entspannung und Strand. Marc hingegen möchte im Urlaub seine Abenteuerlust ausleben. Als Marc das Angebot eines Reiseveranstalters für eine Woche Rucksackreise quer über eine griechische Insel sieht, schlägt sein Herz höher. Als er Svenja davon vorschwärmt, überrascht sie ihn mit ihrer Zustimmung. Schließlich buchen sie im Anschluss noch eine Relax-Woche im schönen Strandhotel dazu. Beide zehren noch lange begeistert von diesem Urlaub.

TIPP Das gemeinsame Spiel und die Frage, ob Sie miteinander ein gutes Team sind, das ist das Menü, das Sie ernährt. Die Romantik ist die Garnierung. Schauen Sie, ob Sie Ihre Partnerin bei der Erreichung ihrer Lebensziele unterstützen können oder ob Sie sogar ein gemeinsames Spiel ins Leben rufen können, um gemeinsam Ihre Ziele zu erreichen. So bringen Sie Ihre Beziehung auf eine höhere Ebene, sind ihr Stern, ihr Begleiter, Unterstützer und Partner. Dabei können Sie sich gegenseitig unterstützen. Geht es in Ihrem Spiel auch um Geld, so ist der Spaß daran umso größer und der Erfolg ist messbar.

— Stellen Sie gemeinsam eine CD zu Ihrem Herzensthema zusammen und verteilen Sie sie in Ihrem Umfeld.
— Sie sind beide engagierte Tierschützer? Gründen Sie einen Verein zur Versorgung herrenloser Katzen.
— Als begeisterte Eltern organisieren Sie eine Tombola im Kindergarten, von deren Erlös dort lang ersehnte Spielgeräte angeschafft werden.
— Veranstalten Sie einen musikalischen Abend in einem Café und laden Sie alle Freunde dazu ein: Sie begleiten den Gesang Ihrer Partnerin am Klavier. Vom Eintrittsgeld gönnen Sie sich einen Verwöhntag zu zweit.

Eine gemeinsame Spielwiese bewahrt Sie vor der Eintönigkeit in einer Beziehung. Sie schaffen eine Schnittfläche, einen Raum, in dem Sie vereint agieren. Damit wird Ihre Verbindung intensiviert und aufgefrischt. Sie erleben sich in neuen Situationen, Sie entdecken neue Seiten aneinander. Das hält die Liebe frisch und Sie bleiben neugierig aufeinander.

Meine Seminare für Singles entstanden aus ebendieser Idee eines gemeinsamen Projekts. Ich hatte meine Coaching-Ausbildung erfolgreich beendet, mein Mann Dieter war Geschäftsführer eines Konzernunternehmens. Wir hatten drei Kinder und suchten nach einem Teamprojekt. Wir riefen eine Seminarreihe von sechs Abenden für Singles bzw. Partnersuchende ins Leben. Aus dieser zeitlich begrenzten Zusammenarbeit erwuchs dann mein heutiges Geschäft. Noch heute halten wir gemeinsame Wochenendseminare in der Schweiz und verbinden das jeweils mit Zeit für Zweisamkeit in einem Wellnesshotel.

NÄHE UND ABSTAND

Gerade für lang anhaltende Beziehungen gilt ganz besonders: Der Wechsel zwischen Nähe und Abstand erhält die Spannung. Es ist eine Sache, eine Frau zu erobern. Sie zu halten, eine andere. Das ganze Leben mit ihr zu verbringen, noch mal eine andere. Für jede dieser Aufgaben benötigen Sie besondere Fähigkeiten, die sich voneinander unterscheiden.

TIPP Um sich im Alltag nicht aus den Augen zu verlieren, arrangieren Sie einen Abend zu zweit. Planen Sie etwas Besonderes. Sie wird es lieben! Auch wenn Sie schon lange zusammen sind – oder gerade dann. Tragen Sie regelmäßig einen Termin für Ihre Zweisamkeit im Kalender ein. Die Planung für die Abendgestaltung können Sie abwechselnd übernehmen – so halten Sie die Liebe und die Aufmerksamkeit frisch.

Wenn Sie das Gefühl haben, Ihre Partnerin ständig um sich haben zu müssen, dann geht es um Kontrolle oder Einengung. Liebe hingegen blüht auf, wenn Sie das Spiel von Nähe und Distanz spielen. Sie fühlen sich großartig mit ihr – dann gilt es, die Glut noch mehr zu entfachen, das Feuer zu schüren. Wenn Sie aber an Ihrer Auserwählten hängen wie eine Klette oder ihr nachlaufen wie ein Hund, bringen Sie die Glut zum Erlöschen.

Widmen Sie sich nach einer gemeinsamen Zeit wieder einem Ihrer Projekte, treffen Sie sich mit Freunden, gehen Sie Ihren Hobbys nach. Dieses zeitweise Auseinanderrücken lässt das Feuer lodern, bis Sie wieder da sind! Es ist seit Urzeiten das gleiche Spiel. Finden Sie den für Sie beide passenden Rhythmus zwischen Nähe und Distanz. Das richtige Timing, wie oft Sie sie anrufen oder bei ihr sind. Geben Sie ihr mal etwas mehr, mal etwas weniger. Das gilt auch für den Sex. Appetit entsteht durch Hunger. Lassen Sie das Magnetfeld der Anziehungskraft und Attraktivität immer wieder von Neuem entstehen, indem Sie ihr Ihre Aufmerksamkeit und Zuwendung schenken und sie ihr wieder entziehen. Das erzeugt Spannung und Abwechslung.

Vor diesem Hintergrund ist auch die Tradition in südlichen Ländern zu verstehen, dass Männer und Frauen den Tag manchmal bewusst getrennt gestalten. Es gibt dann sozusagen ein klassisches Männer- und ein entsprechendes Frauenprogramm. Den krönenden Abschluss bildet ein gemeinsames Fest am Abend.

Harry und Ilona sind beide Trainer und viel auf Reisen. Sie sehen sich daher nur tageweise zwischen ihren Terminen. Sie leben ihre Beziehung nach dem Grundsatz »Qualität vor Quantität« – und sind glücklich damit.

Zwischen Lutz und Uta kracht es seit einiger Zeit immer häufiger. Schließlich zieht Uta aus der gemeinsamen Wohnung aus. Und siehe da: Seit sie beide ihr eigenes Rückzugsgebiet haben, verstehen sie sich wieder besser. Ihre Beziehung erhält Aufwind.

Viktor ist leidenschaftlicher Modellbau-Fan. Sein Faible sind Hubschrauber. Oft bastelt er daran stundenlang in seiner Werkstatt und geht abends oder am Wochenende mit Freunden auf den Flugplatz. Carola genießt die Zeit für sich. Sie entdeckt ihren Spaß an der Malerei und hat jetzt Zeit, sich ihrem Hobby zu widmen. Die regelmäßigen gemeinsamen Kinoabende genießen beide sehr.

Einmal im Jahr macht Oliver mit seinen Freunden eine Woche lang einen Motorradtrip. Kirsten genießt währenddessen die Zeit für sich selbst. Und wenn Oliver wieder zurückkommt, freut sie sich auf ihn: »Es ist jedes Mal wieder wie ein neues Kennenlernen – es prickelt fast so wie beim ersten Mal.«

DIE EBENEN DER INTIMITÄT

Um zu einem wahren Team zu werden, müssen beide Partner ihren Einzelkämpferstatus aufgeben und ihr Ego für den anderen öffnen. Das ist oft auf beiden Seiten mit Angst verbunden. Das Aufgeben von Abgrenzung geht einher mit der Befürchtung, einen Teil von sich herzugeben. Dazu ist man nur bereit, wenn ein vertrauensvolles Klima in der Beziehung herrscht.

Das Gefühl der Verbundenheit schafft den Rahmen für Gemeinsamkeit ohne Selbstaufgabe. Um dieses Gefühl zu erzeugen, sind die verschiedenen Ebenen der Intimität wichtig. Man unterscheidet vier Ebenen, analog den Ebenen des Körpers. Genau wie jeder unserer vier Körper (physischer, intellektueller, emotionaler und spiritueller Körper) seine eigenen Merkmale bei Nahrung, Schmerz und Ekstase hat, so hat auch jeder dieser vier Körper seine eigene Art von Intimität (vgl. Clinton Callahan: *Wahre Liebe im Alltag*). Wenn wir das Wort »Intimität« hören, denken wir sofort an Sex. Aber das Spektrum der Intimität beinhaltet weit mehr. Alle Stufen sind wichtig, auch wenn jeder Mensch hier andere Prioritäten hat.

Der physische Körper – physische Intimität

Gemeint sind hier das Skelett, die Muskeln, aber auch die mit körperlichen Aktivitäten verbundenen Sinne. Der physische Körper braucht feste und flüssige Nahrung. Schmerz fühlt er körperlich, wenn wir uns beispielsweise das Knie anschlagen oder uns mit dem Messer schneiden. Dieser Körper gerät durch einen appetitlichen Dessertteller ebenso in Ekstase wie durch eine Berührung.

Intimität auf dieser Stufe erlangen wir durch Massagen,

wenn wir zusammen tanzen, gärtnern, den Keller aufräumen, gemeinsam wandern, Sport treiben, essen, spazieren gehen, singen, musizieren usw.

Jens und Ulrike lieben es, gemeinsam in ihre Sauna zu gehen. Den Höhepunkt dieser Genussabende bildet jedoch die gegenseitige Massage.

Der intellektuelle Körper – intellektuelle Intimität

Der Verstand steht für den intellektuellen Körper. Die Gedankenwelt lebt von geistiger Nahrung. Schmerz bereiten hier zum Beispiel die Suche nach dem verlegten Ausweis, das Grübeln über die Lösung einer Aufgabe und Ähnliches.

Intellektuelle Intimität entsteht beim gemeinsamen Lesen, Philosophieren, bei guten Gesprächen, beim Kartenspielen, beim Besuch einer Kunstausstellung, beim Betrachten eines Films, beim Pläneschmieden usw.

Elke will eine Massagepraxis eröffnen. Bei der Gestaltung der Werbeflyer hilft ihr Volker bei Text und Design. Die beiden beflügeln sich bei dieser gemeinsamen Arbeit gegenseitig.

Der emotionale Körper – emotionale Intimität

Das Herz mitsamt der Gefühlswelt macht den emotionalen Körper aus. Nahrung ist hier beispielsweise emotionale Offenheit, wenn wir uns gemeinsam vorurteilsfrei und ohne verletzt zu werden innerhalb der Bandbreite unserer Gefühle bewegen können. Es schmerzt, wenn wir diese Gefühle unterdrücken müssen oder diese von unserem Partner missachtet werden.

Emotionale Intimität erleben wir, wenn wir zusammen weinen, lachen, miteinander Angst, Freude, Wut oder Traurigkeit fühlen.

Marta ist traurig, sie hat die Nachricht vom Tod eines Bekannten bekommen. Eigentlich wollte Norbert diesen Abend mit Freunden verbringen. Jetzt bleibt er zu Hause, ist präsent und hält Marta einfach nur im Arm.

Der spirituelle Körper – spirituelle Intimität

Die Seele steht für den spirituellen Körper. Folgen wir unserer Berufung, ist das die Nahrung für ihn. Glaubenssätze und einschränkende Denkmuster versetzen ihn in einen Schmerzzustand. In Ekstase gerät er, wenn wir unser Potenzial leben, gedankliche Grenzen sprengen oder einfach nur das Sein genießen.

Um spirituelle Intimität zu erzeugen, genügt es, mit dem anderen zu sein, ohne etwas zu tun, sich in die Augen zu schauen, gemeinsam einen Dienst an etwas Größerem zu leisten, gemeinsam zu meditieren, zu beten oder die Schönheit der Natur wahrzunehmen.

Ingo und Michaela lieben laue Sommerabende. Dann liegen sie gemeinsam auf ihrer Terrasse und schauen schweigend Hand in Hand in den Sternenhimmel.

Die Nähe, Vertrautheit und Gemeinsamkeit sollten Sie auf allen Ebenen der Intimität leben. Sind Sie mit Ihrer Partnerin nur auf einer Ebene intim, wird Ihre Beziehung einseitig verlaufen. Instinktiv werden Sie beide spüren: »Da fehlt etwas.« Dann ist die Gefahr groß, dass Sie versuchen, diese Anteile außerhalb Ihrer Zweisamkeit bei anderen auszufüllen. Leben Sie Ihre Nähe auf mehreren Stufen aus, wird die Beziehung funktionieren. Auch der amerikanische Beziehungstrainer Clinton Callahan weist darauf hin: »Beziehungen sterben nicht aus Mangel an Liebe, sondern aus Mangel an Intimität.«

Beleuchten Sie kritisch, welcher der vier Bereiche Ihres Körpers in Ihrer Beziehung unterernährt ist. Und welche Nahrung geben Sie den Beziehungskörpern? Sind alle Ihre Körper gleich gut versorgt?

Welche Art von Intimität teilen Sie mit Ihrer Partnerin? Welche Arten können Sie noch einbringen?

Wenn Sie keine Partnerin haben: Mit wem teilen Sie die Bereiche der Intimität und wie können Sie noch weitere in Ihr Leben integrieren?

Gelingt es Ihnen und Ihrer Partnerin, auf mehreren Ebenen ein Team zu bilden und eine tiefe Verbindung herzustellen, dann erheben Sie Ihre Beziehung von einer gewöhnlichen zu einer außergewöhnlichen Partnerschaft. Ihre Präsenz auf allen Ebenen beflügelt Sie gegenseitig, Sie bringen sich gegenseitig zum Leuchten. Wenn Sie nun Ihr gemeinsames Wirken in den Dienst der Allgemeinheit stellen, wenn Sie einem höheren Ziel dienen und zur Verbesserung der Welt beitragen, haben Sie sehr viel erreicht und Ihre Partnerschaft zur archetypischen Beziehung gemacht.

EPILOG

Nun haben Sie eine Menge Informationen erhalten. Das kann zunächst etwas verwirrend sein. Damit Sie bei Ihrem Date nicht nur daran denken, was Sie jetzt tun oder lassen sollten, sondern gedanklich ganz bei Ihrer Gesprächspartnerin sind, empfehle ich Ihnen, immer nur ein oder zwei der Tipps zu berücksichtigen und zu üben. Auch beim Daten ist noch kein Meister vom Himmel gefallen. Mit der Zeit können Sie noch weitere Tipps und Anregungen dazunehmen.

Zum Abschluss habe ich Ihnen noch ein Potpourri an Frauenstimmen zusammengestellt. Diese Frauen wurden in meinen Seminaren und in persönlichen Gesprächen nach ihren Wünschen und Erwartungen an die Männer befragt. Nachfolgend ihre ganz persönlichen Antworten auf die Fragen:

- »Wie kann ein Mann deine Liebe gewinnen?«
- »Wovon träumst du, dass er es tut?«
- »Wodurch hat dich ein Mann positiv beeindruckt, womit hat er dein Herz gewonnen?«

Vielleicht geben Ihnen diese Antworten Inspiration und Anregungen für Ihren ganz persönlichen Beziehungserfolg!

»Ich habe einen Mann übers Internet kennengelernt. Nicht groß, nicht imposant, nicht reich und sehr jung. Beim ersten Treffen auf einen Kaffee habe ich mich daher ohne weitere Gedanken wieder verabschiedet. Es war wirklich sehr nett und er war ein netter junger Mann, aber …

Schon eine Stunde nach unserem Treffen hat er mir die ersten WhatsApp-Nachrichten gesendet, die so charmant waren, dass er mich Schritt für Schritt und ganz schnell für ein nächstes Treffen gewonnen hat. Er schrieb, dass er nicht gedacht hätte, eine so ›bezaubernde‹ Frau kennenzulernen. Auf meine Nachfrage, was er denn so bezaubernd an mir findet, schrieb er, ›dass du eine tolle und freundliche Ausstrahlung hast, sehr geschmackvoll und stilsicher gekleidet bist, schöne, schlanke Beine und grazile Hände hast ...‹

Was mich daran gewonnen hat, waren die konkreten Dinge, die er nannte, kein allgemeines Blabla, sondern konkrete Dinge und Eigenschaften an mir, die ihm gefallen – ohne mich jedoch irgendwie ›anzusexen‹, wenn du weißt, was ich meine. Das war sehr charmant, ohne unter die Gürtellinie zu gehen. Und vor allem war er ehrlich und authentisch. Es kam nie eingeübt, aufgesetzt oder auswendig gelernt rüber. Ich denke, er hat es genau so gemeint, wie er es geschrieben hat.

Was mich dann nach und nach ›erobert‹ hat, war die Art und Weise, wie er mit mir umgeht: Er schaut mir direkt in die Augen – ganz offen und ehrlich. Dabei bekommt er immer wieder diesen zärtlich-verschmitzten Ausdruck, was ich sehr anziehend finde. Er redet direkt über alles, was ihn interessiert, auch Sexuelles. Allein die Unterhaltung darüber ...«

»Wir kannten uns gerade einmal ein paar Wochen. Ich war am Wochenende dabei, zu meiner Tochter ins Internat zu fahren, das sie zu diesem Zeitpunkt besuchte. Einige hundert Kilometer nach Österreich. Kurzerhand stellte er mir seinen eleganten Mercedes E-Klasse frisch gewaschen und vollgetankt am Morgen vor die Tür mit einer echten, langstieligen roten Rose im Cockpit. Und auf dem Beifahrersitz lag das Magazin *Cosmopolitan*, von dem er wusste, dass ich das sehr gerne lese. Er wusste, dass ich noch keinen Automatikwagen gefahren hatte. Und dennoch. Er vertraute mir, dass ich das Auto fahren konnte. Was für ein Mann! Für ein paar Tage nahm er dafür meinen kleinen, alten Renault R4 mit. Ich war zutiefst beeindruckt.

Ich war so überwältigt, dass ich nach einer Zeit des Fahrens auf dem Weg nach Österreich anhielt, in Tränen ausbrach und erst einmal nicht weiterfahren konnte. Nach einer Weile rief ich ihn an und teilte ihm mit, wie sehr mich das berührt hat. Und er hatte einen Riesenspaß, am nächsten Morgen in seiner Firma mit dem Renault R4 auf den Inhaberparkplatz zu fahren. Vier Wochen später, am Valentinstag, kam er mit einem sehr großen Strauß langstieliger Rosen. Acht Wochen später bat er mich, bei ihm in sein großes Haus einzuziehen. Und sechs Monate später heirateten wir. Die folgenden Jahre mit ihm waren die glücklichste Zeit meines Lebens. Jeder Tag mit diesem Mann ist ein Geschenk.«

»Wir kannten uns gerade ein paar Wochen. Ich hatte zu jener Zeit gerade eine kleine Firma gegründet. Jeden Morgen, wenn ich eintraf, ich kam immer etwas später ins Büro, lag bereits ein Vollwertbrötchen vom angesagten Bäcker auf meinem Schreibtisch, jeweils mit einem leckeren Belag. Er hatte das am Morgen vorbeigebracht, damit ich mich freue, wenn ich ins Büro komme. Das war einfach umwerfend schön und beeindruckend.«

»Wir hatten uns am Wochenende am Badesee kennengelernt. Uns nett unterhalten und dann kurz unsere Daten ausgetauscht. Jedoch − am Sonntagmittag klingelte es an meiner Haustür. Und da stand er mit zwei Eis in der Hand. ›Na, ich dachte, bei der Hitze wäre ein Eis jetzt genau das Richtige!‹ Und so saßen wir dann auf der Treppe vor der

Haustür und erfrischten uns am Eis. Diese spontane Aktion hat mich sehr beeindruckt und mein Herz geöffnet.«

»Die Glühwürmchennacht – Sommersonnwendfeier: Wir hatten uns am Nachmittag zufällig in einem Eiscafé kennengelernt. Nach einer schönen und anregenden Unterhaltung fragte er mich, ob ich noch mitkäme zu einem bestimmten Platz in der Nähe eines Wandergebiets. Es gebe dort eine wundervolle Überraschung. Ich sagte zu und kurz darauf schlenderten wir auf einem wunderschönen Spazierweg durch einen lichten Wald. Es begann zu dämmern und bald gingen wir Hand in Hand. Und da war die Überraschung: Glühwürmchen, sooo viele … Das war eine so unglaublich beeindruckende Überraschung. Er kannte diese Stellen. Das war Romantik pur und hat mich damals sehr beeindruckt.«

»Es gibt viele Beispiele für Situationen, in denen er mich beeindruckt. Doch für mich ist das Wichtigste, dass er für mich – außer dass er Ehemann, Geliebter, Berater, Coach usw. ist – mein allerbester Freund ist. Ich kann mit ihm über alles sprechen, mich austauschen, ihm alles sagen, was mir gerade durch den Kopf geht. Ich genieße das deshalb so sehr, weil ich in meiner ersten Ehe dafür immer meine Freundinnen benötigt habe, denn mit meinem Exmann konnte ich nicht über alles reden. Das ist nun anders. Ob es meine Gefühle, Sehnsüchte, Träume, Ängste, Befürchtungen, Bedenken, Zorn auf irgendetwas, Visionen, Hirngespinste, Wünsche, spontane Einfälle usw. sind – ich kann einfach alles rauslassen, ohne darüber nachzudenken, wie es bei ihm wohl ankommt. Wenn wir räumlich getrennt sind, können wir es beide kaum erwarten zu telefonieren, damit wir alle Gedanken und Geschehnisse miteinander teilen können. Das genieße ich soooo sehr und möchte es nie mehr missen.«

»Für mich sind es eher die kleinen Dinge – nichts Spektakuläres. So konnte er mich letztlich durch seine Aufmerksamkeit, die er mir entgegenbrachte, überzeugen. Ich fühlte mich ›aufgehoben‹ und in seiner Nähe auch ein bisschen beschützt. Auch konnte er durch seine durchdachten und schnellen Entscheidungen bei mir punkten. Wir Frauen können alles, wissen alles (meinen wir), aber wenn es ums Entscheiden geht, tun wir uns manchmal schwer. Lassen wir uns das nicht schon mal gerne abnehmen?«

»Mich hat beeindruckt, wenn der Mann sich für mein persönliches Wohl eingesetzt hat, zum Beispiel indem er mir etwas zu essen mitgebracht hat, das mir in der augenblicklichen Situation guttat, beispielsweise einen frischen Salat oder eine Mango. Denn da muss er sich schon Gedanken machen, was gerade gut passt. Ansonsten ist es ein gutes Gefühl, wenn er mich und meine Familie vor nicht wohlgesinnten Leuten beschützt. Das kam zwar bisher nur selten vor, aber es beeindruckt mich nachhaltig, wenn ein Mann dann sehr bestimmt und klar auftritt und seine natürliche Autorität voll zum Ausdruck kommt. Aber ich wünsche mir selbstverständlich auch Liebe, Wertschätzung, Freundschaft, Innigkeit und Zusammenhalten.«

»Hm, was haben die Männer getan, um mich zu beeindrucken? Ich weiß gar nicht, ob ich da etwas beitragen kann. Denn das, womit sie mich beeindruckt haben, hat mich am Ende auch am meisten verletzt.

Zwei Männer haben mir gesagt: ›Ich liebe dich. Du sollst die Mutter meiner Kinder sein. Mit dir möchte ich mein Leben verbringen. Mit dir möchte ich alt werden.‹ Das hat mich sehr, sehr, sehr tief berührt und in beiden Fällen habe ich mich auf diese Männer eingelassen. So richtig tief eingelassen. Ich habe mein Herz geöffnet und habe mich der

Vorstellung hingegeben, mit diesen Männern mein Leben zu verbringen. Ihnen einen Teil meines Selbst zu schenken. Ich war rundherum glücklich und fühlte mich geliebt.

Und dann? Der eine hat es sich einfach anders überlegt. Er war dann mehr damit beschäftigt, seine Schäfchen ins Trockene zu bringen, als eine glückliche Beziehung zu gestalten. Er hat mir – als ich ihm deutlich machte, dass Beziehungen auch manchmal Kompromisse von beiden Seiten erfordern – gesagt, dass er das nicht will. Ich bemerkte, dass er seine Worte ernst gemeint hat, und habe ihn verlassen.

Der andere stellte nach einiger Zeit fest, dass er sich mit seiner Aussage zu weit aus dem Fenster gelehnt hatte und sich noch zu jung fühlte, um diese Verantwortung wirklich zu übernehmen. Er machte einen Rückzieher.

Und beide Male habe ich tiefe Enttäuschungen davongetragen. Und ich habe mich innerlich zurückgezogen. Ja, das war's dann.

Als die beiden mir gegenüber diese verheißungsvolle Aussage machten, haben sie mein Innerstes berührt. Sie haben mich zur glücklichsten Frau der Welt gemacht. Und mit ihren Rückziehern haben sie bei mir tiefe Wunden hinterlassen, die mich dazu veranlasst haben, Männern nie mehr zu glauben.«

»Es gefällt mir, wenn ein Mann
– sich für mich und meine Vorlieben interessiert,
– mich mit einem romantischen Ausflug überrascht,
– für mich kocht oder einen Spieleabend organisiert,
– mir sagt, dass er mich schön findet, mein Lächeln liebt, meine Arbeit interessant findet,
– mir aufmerksam zuhört,
– mir eine liebe SMS oder E-Mail schickt.«

»Womit ein Mann bei mir punktet, ist zuallererst, dass er mich in den Vordergrund stellt und sich für mich interessiert und nicht – wie viele Männer – nur von sich erzählt und versucht, mich damit zu beeindrucken. Das beeindruckt mich nämlich ganz und gar nicht! Außerdem beeindrucken mich noch folgende Punkte:

- Mir gefällt es, wenn er mir viele Fragen über mich und mein Leben stellt und so daran teilnimmt.
- Ich mag es, wenn er Anknüpfungspunkte zwischen uns sucht und schaut, wo wir dieselben Interessen haben und zusammenpassen.
- Ich mag es, wenn er mich unterstützt und mir zur Seite steht und wenn er merkt, dass ich Unterstützung gebrauchen könnte. Er muss ein Mensch sein, der gerne und mit Freude gibt. Alles andere, wie Selbstdarsteller und Egomanen, kann ich nicht gebrauchen.
- Ich mag es, wenn er in sich ruht, Ruhe und Gelassenheit ausstrahlt und mit sich im Reinen ist.
- Ich mag es, wenn er lustig ist und vieles mit Humor nimmt.
- Ich mag es, wenn er sich gut ernährt, auf sich achtet und zumindest gelegentlich Sport treibt. Hängt er allerdings nur auf seinem Mountainbike oder mit seinem Surfbrett rum, finde ich es langweilig.
- Ich mag es, wenn er Kinder und Tiere mag und sich auch für meine Freunde interessiert.
- Ich mag es, wenn er ein bewusster Mensch ist und achtsam mit der Umwelt umgeht.
- Ich mag es, wenn er ein geistreicher und intelligenter Mensch ist, der die Dinge und auch mich hinterfragt.
- Ernähren muss er mich nicht, aber wenn er ganz arm ist, wär's auch schade …
- Beim ersten Date sollte er mich schon einladen und großzügig sein.

– Ich mag es, wenn er seine Sachen einigermaßen auf die
  Reihe kriegt, aber auch mal Fehler zugibt – das ist für
  mich Stärke!«

»Mich können Männer gewinnen mit dem Mut, mich anzusprechen, dazu noch etwas Frechheit, Witz und Humor,
Charme, strahlende Augen, angenehme Stimme, Redege-
wandtheit und eine gepflegte Erscheinung. Das finde ich
prima. Zwei Beispiele:
Ich war das erste Mal als Single allein in Süditalien auf
Urlaub und ging nach dem Abendessen immer im Ort spazieren. Diesen Abend wählte ich mal eine Nebenstraße.
Dort wurde ich von einem Türvorsteher in ein Restaurant
gelockt. Der Restaurantbesitzer kam gleich auf mich zu
und stellte sich vor. Seine blauen Augen strahlten. Ich
weiß nicht, warum, aber es machte sofort Klick zwischen
uns. Er sah sehr elegant aus, sein Lächeln faszinierte mich.
Er holte aus dem hohen, alten Wandschrank zwei Gläser
und goss Prosecco ein. Wir prosteten einander zu, erzähl-
ten beide sehr viel über unsere Geschäfte. Jeder hatte so
viel zu sagen. Er lud mich den nächsten Tag zum Abendessen in ein anderes Restaurant ein, 20.00 Uhr. Ich bat ihn,
mir die Adresse aufzuschreiben. Freudestrahlend ging ich
zurück in mein Hotel. Dann dachte ich, das macht er mit
vielen Touristinnen, er ist verheiratet usw. Ich beschloss,
nicht zum Date zu gehen. Zufällig, wirklich zufällig, ging
ich, ohne zu ahnen, dass es genau dieses Restaurant ist, bei
meinem nächsten Abendspaziergang daran um ca. 22.00
Uhr vorbei. Er saß immer noch an einem Tisch zur Straße
und sah mich kommen. Er sprang auf und kam mir ein paar
Schritte entgegen und rief meinen Namen … Wir waren
zwei Jahre zusammen, es war eine wunderbare, leidenschaftliche Beziehung.
Es regnete, ich stand an einer Bushaltestelle. Ich war

frisch geduscht, frisch blondiert, sehr zufrieden mit mir. Ich strahlte und war glücklich, weil ich an diesem Tag einen lieben Freund vom Flughafen abholen sollte, auf dessen Besuch ich mich sehr freute. Ich hatte keinen Regenschirm bei mir und stand im mit Glas überdachten Wartehäuschen. Ein groß gewachsener, gut gekleideter Herr kam auf die Haltestelle zu. Ich begutachtete ihn und dachte: ›Der ist ja elegant gekleidet und hat wie ich keinen Regenschirm.‹ Er hatte einen langen, beigefarbenen Trenchcoat an und einen passenden Hut. Er musterte mich von oben bis unten. Ich hatte das Gefühl, als ob er mich mit seinen Blicken ausziehen würde. Ganz schön frech, dachte ich. Ich kann mich nicht erinnern, wer zuerst das Wort ergriff. Wir sprachen über das Wetter, über die Pflanzen auf meinem Balkon. Er war außergewöhnlich witzig. Wir stiegen gemeinsam in den Bus, fuhren zwei Stationen zusammen. Er stellte sich zu mir und fragte mich nach meiner Visitenkarte. Ich hatte welche in meiner Manteltasche, gab sie ihm aber nicht. Ich sagte ihm nur meinen Namen. Er gab mir seine Visitenkarte und bemerkte schmunzelnd: ›Keine Angst, wenn Sie mich anrufen und Fragen stellen, dann ist es selbstverständlich kostenlos.‹ Ohne Brille konnte ich die Visitenkarte nicht lesen, daher verstand ich nicht, was er meinte. Später sah ich, er war Dr. iur. lic. oec. Rechtsanwalt. Drei Stunden später rief er mich an – er hatte meine Telefonnummer herausgefunden, was ganz sicher nicht einfach war. Jetzt sind wir schon sechs Monate zusammen.«

»Ein Mann kann bei mir landen, wenn er charmant ist und mich umgarnt, wenn er schöne Worte hat und ehrliche Komplimente macht. Ich meine damit keine abgedroschenen Formulierungen. Ich freue mich über ›Guten Morgen, mein Sonnenschein‹ um ein Vielfaches mehr als über ›Hi,

Liebling‹. Ich möchte spüren, dass ich in seinen Augen etwas wert bin, etwas Besonderes bin, und will mich durch seine Worte eingekuschelt fühlen.

Wenn mir ein Mann gefällt, dann habe ich Hemmungen, ihn anzusprechen. Ich bin da von der alten Schule, ich wünsche mir, dass er den Kontakt herstellt. Ich lade ihn durch meine Blicke dazu ein. Doch ich glaube, viele Männer bemerken es gar nicht, wenn ich ihnen Blicke zuwerfe. Wenn ein Mann auf mich zugeht, bin ich allerdings oft etwas schüchtern. Aber nach einer gewissen Zeit taue ich auf und komme dann manchmal sogar richtig ins Plappern. Ich will, dass ein Mann mich erobert, nicht umgekehrt.«

»Gepflegtes Äußeres, Charme, Blickkontakt und Humor begeistern mich an Männern. Ja, und strahlende Augen und ein schönes Lächeln. Das öffnet bei mir Türen!«

SCHLUSSWORT

Liebe Leser,

ich möchte Sie beglückwünschen! Sie haben große Offenheit und Veränderungsbereitschaft unter Beweis gestellt, indem Sie dieses Thema ausgewählt und dieses Buch gelesen haben. Sie haben Ihre Zeit investiert und sich für neue Sichtweisen, Gedanken und Herangehensweisen geöffnet und sie vielleicht sogar schon ausprobiert.

Das zeichnet Sie aus, denn die meisten Menschen haben die Tendenz, lieber das andere Geschlecht für das Nichtfunktionieren von Beziehungen verantwortlich zu machen, anstatt selbst Verantwortung für das Gelingen zu übernehmen. Aus meiner 20-jährigen Erfahrung im Coaching von Männern und Frauen heraus kann ich sagen: Frauen lieben weltoffene Männer, die zur Weiterentwicklung bereit sind und gut kommunizieren können!

Erwarten Sie aber nicht, dass Sie nach dem einmaligen Durchlesen dieses Buches bereits die richtige Energie haben und alle Tipps und Ratschläge perfekt anwenden können. Das wäre zu viel verlangt. Vielmehr geht es im ersten Schritt darum, das Prinzip zu verstehen. Lesen Sie immer mal wieder in diesem Buch und setzen Sie den Inhalt der Kapitel, die für Sie besonders interessant sind, Stück für Stück um. Und vergessen Sie nicht: Sie sollten üben, üben und nochmals üben. Rollenspiele eignen sich hier gut als praktische Vorbereitung auf den Live-Einsatz. Damit fühlen Sie sich, wenn es darauf ankommt, sicherer und wohler. Je nachdem, wie schwer es Ihnen fällt, kann es sinnvoll sein, zunächst im geschützten Bereich eines Seminars zu trainieren. Der nächste Schritt sollte sein, dass Sie sich in

Kommunikation mit Frauen üben, bei denen Ihr Adrenalinspiegel niedrig und die Aufregung geringer ist. Probieren Sie es aus – es lohnt sich und Sie haben nichts zu verlieren.

Und lassen Sie sich von anfänglichen Stolpersteinen oder sonstigen kleinen Misserfolgen nicht vom Weg abbringen. Mit der Zeit wird Ihnen die Kontaktaufnahme in Fleisch und Blut übergehen, bis sie für Sie das Natürlichste auf der Welt ist. Dann haben Sie das Kommunikationsprinzip verinnerlicht und Ihre anfängliche Unsicherheit weicht einer wachsenden Begeisterung und lohnenden Erfahrungen. Und das Schönste daran ist, dass sich Ihr Erfolg bei Frauen dann wie von selbst einstellen wird.

Wenn Sie über die Lektüre hinaus und bei der Umsetzung des Gelesenen in die Praxis weitere Fragen haben, habe ich folgendes Angebot für Sie:

Mit dem Kauf des Buches können Sie sich mit dem Zahlenkode rs2014koesel auf meiner Homepage www.reginaswoboda.de für einen Monat kostenfrei im Bereich Members anmelden und einloggen. In dieser Zeit bekommen Sie dort die Zugangsdaten für ein Live-Webinar mit mir. Im Webinar werde ich über das Buch und die Inhalte sprechen. So haben Sie die Möglichkeit, mich persönlich zu erleben, weitere Tipps zu bekommen und auch Fragen zu stellen. Außerdem erwarten Sie auf meiner Homepage viele weitere interessante Informationen und Angebote.

Ich wünsche Ihnen von Herzen alles Gute!
Regina Swoboda

ANHANG

DANK

Das Wort »Danke« ist abgeleitet von Denken. Und wenn ich an die Zeit des Buchschreibens denke, dann denke ich mit Wertschätzung an eine Reihe von Menschen, die aktiv oder passiv an der Entstehung des Buches mitgewirkt haben.

Vor allem gilt mein Dank meinen Töchtern Olivia Verena, Antonia, Felicitas und Gloria sowie meiner Familie für ihren Rückhalt und ihr Verständnis.

Ich bedanke mich bei meinem Mann Dieter für das Redigieren und das Erstkorrektorat sowie bei Ursula Gérard und Susanne Lötscher für den letzten Korrekturfeinschliff.

Ebenfalls danke ich all den zahlreichen lieben Menschen, die seit den letzten 15 Jahren meine Seminare besucht haben, für die wertvollen Begegnungen, Gespräche und die Inspirationen für dieses Buch. Sie haben mich an vielen Geschichten aus ihrem Leben teilhaben lassen und mir genug Vertrauen entgegengebracht, um sich zu öffnen und von mir coachen zu lassen. Bei jedem Seminar und jedem Coaching lernen und verändern sich nicht nur die Teilnehmer, sondern auch ich lerne von ihnen und bekomme mit jedem Gespräch neue Einsichten.

Mein herzliches Dankeschön gilt auch allen Helfern und Freunden, die mich immer wieder bei meinen Projekten und Anliegen unterstützen: Patrizia Falkenberg, Johanna

Meyer, Nicole Marischka, Gaby Riedel, Nina Dohr-Pawlowitz, Rosina Kaiser, Dagmar Ponschab, Jenny Schmidt-Salz, Volker Seidl, Matthias Gradenwitz, Dietmar Lang, Olaf Kluge, Ingo Alms, Sanjay Sauldie. Danke für euren Einsatz und für eure Freundschaft.

Ich danke ganz besonders Martin Sage für die vielen intensiven Gespräche über Männer und Frauen, die mich zum Schreiben dieses Buches inspiriert haben.

Danke auch an mein Team, das mich inzwischen in vielen europäischen Ländern und in den USA unterstützt: Thomas (Duke) Schnabel und Ursula Gérard. Und danke an Katharina Spurling-Kaffl für die wunderbare Zusammenarbeit.

Mein Dank geht auch an die Firmen, mit denen ich zusammenarbeite:

www.treat-marketing.com

www.ixelgmbh.eu

LITERATURHINWEISE

Bucay, Jorge: *Liebe mit offenen Augen*, Fischer-TB, 4. Aufl. 2012

Deida, David; Bolam, Christine: *Der Weg des wahren Mannes. Ein Leitfaden für Meisterschaft in Beziehungen, Beruf und Sexualität*, Kamphausen, 12. Aufl. 2013

Hoch, Heike; Amekor, Lola Maria: *Wenn Du den Raum betrittst, geht die Sonne auf. Wertschätzende Kommunikation für den Alltag,* Hoch und Amekor 2013

Liebeskind, Jonas: *Der starke Mensch. Ein Traktat,* Phänomen 2013

Morin, Jack: *Erotische Intelligenz. Die Erschließung der inneren Quellen sexueller Leidenschaft,* Goldmann 1997

Odier, Daniel: *Freude. Das Glück im Herzen der Dinge entdecken,* Aquamarin 2014

Osho: *Mut. Lebe wild und gefährlich,* Allegria 2004

Osho; Müller, Rajmani: *Mann und Frau. Der Tanz der Energien,* Goldmann 1998

Osho; Müller, Rajmani: *Tantra, Energie und Ekstase,* Goldmann 1999

Sage, Martin: *Lebe deinen Traum! Das Erfolgsgeheimnis von* »*What to do with the rest of your life*«, Knaur MensSana 2006

Spezzano, Chuck: *Tiger Woman. Starke Frauen in der Partnerschaft,* Via Nova 2013